Brote & Brötchen

Mit nur 5 Zutaten

garant

Inhaltsverzeichnis

Vorwort

Wenn der verführerische Duft eines frischen, knackigen Brotes aus dem Ofen weht, läuft einem sofort das Wasser im Munde zusammen. Dass Brotbacken nicht aufwendig sein muss, beweist das 5-Zutaten-Prinzip. Mit maximal fünf Hauptzutaten, ergänzt durch einige Basics wie z. B. Gewürze, zaubern Sie köstliche Brote, Brötchen und Co. auf den Tisch, die mit Knusperkrusten und leckeren, weichen Krumen punkten. Für die Brotrezepte in diesem Buch müssen Sie keine lange Einkaufszettel „abarbeiten" oder mit vielen Zutaten und komplizierten Zubereitungsschritten lange in der Küche hantieren, sondern können sich voll und ganz dem Backspaß und dem anschließenden Brotgenuss widmen. Und anstatt an ein bestimmtes Angebot gebunden zu sein, können Sie die Rezepte ganz nach eigenem Geschmack abwandeln und variieren.

Ob zum Frühstück, zum Brunch, als Pausensnack oder für ein festliches Partybüfett: Aus der eigenen Backstube schmeckt es einfach am besten! Wie wäre es z. B. mit herzhaften Knoblauchknoten, einer mediterranen Rosmarin-Focaccia, einem würzigen Zwiebelbaguette oder einem fluffigen Hefezopf? Probieren Sie doch auch einmal ein trendiges No-Knead-Brot, das ganz ohne mühsames Kneten gelingt. Oder servieren Sie ein leckeres Pull-Apart-Brot, Käse-Cracker oder italienische Knabberkringel zur nächsten Party! Und selbst süße Desserts wie French Toast mit Erdbeeren oder Brotpudding gelingen mit diesen Rezepten mühelos.

Dass es sich lohnt, selbst zum Brotbäcker zu werden, werden Sie dabei schnell merken. Denn Geruch, Geschmack und Konsistenz von Selbstgebackenem sind einfach unverwechselbar! Worauf warten Sie also? Nichts wie ran an den Teig!

Viel Spaß beim Backen und Genießen!

Einleitung

Brot gehört zu den grundlegenden Nahrungsmitteln unserer heutigen Ernährung. Bei vielen fertig zu kaufenden Backwaren bleiben jedoch Geschmack und Konsistenz oftmals auf der Strecke. Inzwischen heißt es daher vermehrt: Zurück zu den Wurzeln und Besinnung auf das Traditionelle. Daher setzen immer mehr Backwaren-Fans auf Brote, die handwerklich gefertigt sind – Brot, das noch nach Brot duftet, satt macht und dem Körper guttut. Was liegt da näher, als selbst den „Kochlöffel" in die Hand zu nehmen? Und das geht mit dem 5-Zutaten-Prinzip ganz einfach! Jedes der Rezepte in diesem Buch kommt mit maximal fünf Zutaten aus – einige davon sogar mit weniger! Sie müssen vor dem Backen also keinen Großeinkauf erledigen. Zu den Hauptzutaten kommen dann noch einige wenige Standardzutaten wie z. B. Salz, Zucker oder Öl hinzu, die nur in geringen Mengen verwendet werden und die Sie meist ohnehin schon im Haus haben. So steht dem unkomplizierten Backvergnügen nichts mehr im Weg!

Kleine Brotgeschichte

„Erfunden" wurde das „Brot" (von althochdeutsch: prôt) schon vor rund 10.000 Jahren, als unsere Vorfahren begannen, Getreide anzubauen. Mischten sie anfangs noch zerstoßene Einkorn- und Emmer-Körner mit Wasser, um diese anschließend als nahrhaften Brei zu essen, kam ein kluger Kopf irgendwann auf die glorreiche Idee, diesen Brei auf einem heißen Stein oder in Asche zu backen. Das harte „Fladenbrot" sättigte genauso gut, war aber länger haltbar als der Getreidebrei. Das erste lockere Brot, das unserem ähnelte, bereiteten vor rund 6000 Jahren die alten Ägypter in Steinöfen zu. Sie verstanden sich auch schon auf den Prozess der Gärung mithilfe von Hefepilzen und Milchsäurebakterien aus der Luft. Letz-

tere vermehren sich im Teig, setzen dabei Kohlendioxid frei und lockern den Teig. Die Römer perfektionierten die Brotbackkunst in „Großbäckereien" und machten sie schließlich auf ihren Eroberungszügen in ganz Europa bekannt. Bereits vor 1300 Jahren wurden in den mittelalterlichen Städten Deutschlands die ersten Bäckereien eröffnet. Besonders geschätzt war zu dieser Zeit das Weißbrot. Dementsprechend teuer war es auch, sodass die einfache Bevölkerung es sich nicht leisten konnte. Stattdessen mussten die weniger Wohlhabenden sich mit dunklem Brot begnügen. Aus diesen Anfängen hat sich Brot zu einem wichtigen Bestandteil unserer Ernährung entwickelt. „Brot und Salz, Gott erhalt's", sagt man, wenn man lieben Menschen zum Einzug in ihr neues Heim traditionell eben dieses überreicht und ihnen damit viel Glück in ihren neuen vier Wänden wünscht.

Klassiker und Trend-Brote

Bei vielen Menschen stehen Brot und Brötchen jeden Tag auf dem Speiseplan – ob zum Frühstück, als Zwischenmahlzeit, zum Abendbrot oder auf dem Partybüfett. Doch wie so vieles andere unterliegt auch unser Brotgeschmack einem steten Wandel. Und so kommen auch beim Brotbacken immer wieder neue Trends auf. Schon längst haben internationale Brotklassiker wie z. B. Knäckebrot, Baguette, Focaccia, Ciabatta, Pita-Brot, Naan-Brot oder Brioches auch in unsere Küchen Einzug gehalten. Und inzwischen haben auch „Fitnessbrote" wie Chia- und Eiweißbrot unsere Gaumen erobert. Sie können zu einer bewussten Ernährung beitragen, indem sie unseren Körper mit wichtigen Nährstoffen versorgen und teilweise sogar Diäten unterstützen. Letzteres gilt z. B. für gesunde Low-Carb-Brote oder -Brötchen. Sie enthalten viel Eiweiß und wenige Kohlenhydrate und fügen sich damit in die Diätpläne vieler Abnehmwilliger ein.

Trendige Partybrote

Dass jedoch nicht nur Gesundheitsbewusstsein beim Brotbacken im Vordergrund steht, beweisen die trendigen Partybrote. So haben z. B. Zupfbrote bzw. Pull-Apart-Breads schon vor einigen Jahren ihren Siegeszug angetreten. Sie sind ein

absoluter Hingucker auf jedem Partytisch oder -büfett und machen immer wieder etwas her. Außerdem sind sie kinderleicht zuzubereiten: Alles, was Sie dafür benötigen, ist ein Laib Brot, den Sie rautenförmig einschneiden. Die Zwischenräume füllen Sie dann nach Belieben, z. B. mit Kräuterbutter, Pesto, Schinken und Käse. Das so gespickte Brot kommt anschließend in den Ofen, bis der Käse geschmolzen ist. Danach kann nach Herzenslust gezupft werden. Und auch extravagante Brotvarianten gibt es mittlerweile zuhauf: Mit Rote-Bete-Saft oder Spinatpigmenten eingefärbt, werden die Brote optisch zu einem echten Highlight.

No-Knead-Bread – Brote ohne Kneten

Wer es sich besonders leicht machen möchte, setzt auf den „No-Knead-Bread"-Backtrend, mit dem knusprige Brote ganz ohne mühsames Kneten gelingen. Verantwortlich hierfür ist die extralange Gehzeit, nach der der Teig nur noch mehrmals gefaltet werden muss. Danach kommt er klassischerweise in einen vorgeheizten ofenfesten Topf mit Deckel. Der Deckel hält das beim Backen verdampfende Wasser im Gefäß. Dadurch bleibt das Brot innen weich, während es außen herrlich knusprig wird. Am besten eignet sich dafür ein gusseiserner Schmortopf, aber auch im Römertopf oder in einem hochwertigen Edelstahltopf können die No-Knead-Breads gebacken werden. Wer sich das Kneten sparen möchte und keinen geeigneten Topf besitzt, kann z. B. Bagels oder Brötchen ohne Kneten herstellen und diese einfach auf dem Backblech backen.

Alles, was ein gutes Brot braucht

Damit Brote und Brötchen gut aufgehen, eine leckere Kruste und eine weiche Krume – so nennt man das Innere des Brotes – bekommen, benötigen Sie nichts weiter als Mehl, Salz, Wasser sowie Hefe, Sauerteig oder Backpulver. Vor allem wer gern und regelmäßig backt, kann sich gleich einen kleinen Vorrat an Backzutaten anlegen. Zu den wichtigsten gehören neben Mehl (z. B. Weizenmehl Type 405), Trockenhefe und Backpulver auch Salz, Öl, Butter oder Margarine. Wer gern süße Brote backt, sollte auch immer Zucker, Honig, Kakaopulver, Vanillezucker oder Vanilleschoten parat haben. Hinzu kommen je nach Belieben Nüsse, Mandeln, Samen und Kerne, Rosinen und Kokosraspel, die den Teig aromatisch verfeinern. Haltbare Vollmilch und Sahne kann man je nach Bedarf hinzukaufen. Wer es hingegen herzhaft mag, ergänzt seinen Vorrat z. B. durch geriebenen Käse, Pesto, getrocknete oder tiefgekühlte Kräuter, Zwiebel und Schinkenwürfel. Die wichtigsten der genannten Basics lernen Sie im Folgenden näher kennen.

Verschiedene Mehlsorten und -typen

Die Basiszutat fürs Brotbacken ist Mehl – und das ist im Handel in verschiedenen Sorten und Typen erhältlich. Die Mehltype gibt dabei die Menge an Mineralstoffen in Milligramm an, die beim Verbrennen von 100 Gramm Mehl übrig bleiben. Ein Mehl der Type 405 –das gängige Haushaltsmehl, das in jedem Vorratsschrank steht und auch für die meisten der Rezepte in diesem Buch geeignet ist – enthält also im Durchschnitt 405 Milligramm Mineralstoffe. Je höher die Typenzahl ist, desto höher ist auch der Mineralstoffgehalt. Vollkornmehl und Vollkornschrot werden nicht typisiert, da in ihnen die maximale Mineralstoffmenge enthalten ist.

Zwischen den Mehlsorten und -typen gibt es durchaus Unterschiede. Wer regelmäßig Brot backt, sollte daher mehr als nur eine kennen. So eignet sich z. B. Weizenmehl Type 405 für Weißbrote, Fladenbrote oder Baguette. Die Type 550 ist etwas kräftiger im Geschmack und ist sowohl für Weißbrot als auch für Brötchen geeignet. Das dunklere Mehl der Type 812 ist hingegen ideal für helle Misch- und Mehrkornbrote. Und Mehl Type 1050 ist ein dunkles Mehl mit kräftigem Geschmack, das sich gut für Mischbrot und andere herzhafte Brote und Brötchen verwenden lässt. Ebenfalls typisiert im Handel erhältlich sind Dinkelmehle. Am häufigsten verwendet wird die Type 630: Dieses Mehl hat einen nussigen Geschmack und lässt sich wie Weizenmehl verwenden. Gleiches gilt für die Typen 812 und 1050.

Glutenfreies Mehl

Gluten findet sich nicht nur in vielen Getreidearten, auch in alten Urkornsorten. Wenn Sie glutenfrei backen wollen oder müssen, weil Sie z. B. an Zöliakie leiden, sollten Sie daher nicht nur Weizen- und Roggenmehl, sondern auch Mehlsorten wie Dinkel, Emmer, Gerste, Grünkern, Hafer und Kamut meiden. Wer glutenhaltiges Mehl nicht verträgt, kann zu einer Allzweck-Mehlmischung aus zwei Teilen glutenfreiem Mehl, einem Teil glutenfreiem Stärkemehl (z. B. Kartoffelstärke) und einem Bindemittel (z. B. Tapioka) greifen. Zu den glutenfreien Mehlen gehören u. a. Buchweizen-, Kastanien- und Amaranthmehl, aber auch Kichererbsen-, Hirse-, Mandel- und Reismehl. Im Handel gibt es auch fertige glutenfreie Mehlmischungen zu kaufen, die sich wie herkömmliches Weizenmehl verarbeiten lassen. Ebenfalls erhältlich, etwa in Reformhäusern, sind glutenfreie Mehlmischungen für dunkles Brot und dunkle Brötchen. Ein Beispiel für ein einfaches glutenfreies Brot mit einer glutenfreien Mehlmischung finden Sie auf Seite 32.

Ohne Triebmittel geht's nicht

Triebmittel, auch Lockerungsmittel genannt, sind Stoffe oder Stoffgemische, die im Zusammenspiel mit Feuchtigkeit und Hitze Gase bilden und so den Teig lockern und ihn an Volumen zunehmen lassen. Sie sorgen dafür, dass der Teig gut aufgeht und Brot oder Brötchen locker und fluffig werden.

Häufig verwendet man als Triebmittel frische und Trockenhefe. Sie werden in warmem Wasser oder in warmer Milch aufgelöst und danach mit Mehl zu einem Teig verrührt. Dieser wird anschließend geknetet, bevor man ihn abgedeckt an

einem warmen, zugfreien Ort gehen lässt. Die Hefepilze lösen einen Gärungsprozess aus und der Teig wird mit zahlreichen Luftbläschen durchsetzt. Dadurch lockert er sich und bläht sich auf. Danach wird er nochmals geknetet, um noch mehr Luft in den Teig zu bekommen und damit sich ein Gluten-(Klebereiweiß-)Netzwerk ausbildet, das den Teig elastisch macht. Wenn der Teig um das Doppelte seines ursprünglichen Volumens aufgegangen ist, ist er bereit für die weitere Verarbeitung.
Besonders für Roggenbrote eignet sich hingegen Sauerteig als Triebmittel, da Roggen im Gegensatz zu Weizen kein elastisches Klebereiweiß enthält. Sauerteig besteht aus Mehl, Wasser, Hefen und Milchsäurebakterien. Letztere machen die Backwaren schön locker und das Brot erhält beim Backen eine saftige Krume.
Da die Herstellung von Sauerteig recht aufwendig ist, kann man sich das Leben erleichtern, indem man zu „Natursauer" greift, der fertig im Supermarkt, im Reformhaus oder beim Bäcker erhältlich ist.
Mit Backpulver zu backen ist hingegen kinderleicht. Das Teiglockerungsmittel aus Natriumbicarbonat, einem Säureträger und einem Trennmittel sorgt dafür, dass während des Backens Kohlensäure entweicht, die den Teig lockert.

Zutaten zum Verfeinern

Mit Gewürzen, Samen, Nüssen und Trockenobst oder herzhaften Zutaten wie etwa Röstzwiebeln, Chiliflocken, Oliven, getrockneten Tomaten, Käse oder Schinken lassen sich viele Brotrezepte verfeinern oder abwandeln. Auch Kräuter wie Thymian, Oregano und Rosmarin geben vielen Broten das gewisse Etwas.
Ob süß oder herzhaft und pikant: Probieren Sie einfach aus, wonach Ihnen der Sinn steht. Möchten Sie Ihr Brot z. B. mit Gewürzen abwandeln, haben Sie eine große Auswahl. Die Grundgewürze für würziges Brot sind Anis, Fenchel, Kümmel und Koriandersamen. Aber auch der feine Geschmack von Muskatnuss, Nelken, Ingwer, Chilipulver, Bockshornklee, Zimt, Kardamom oder Vanille sind beim Backen sehr beliebt – nicht zu vergessen der kostbare Safran!

Und auch Nüsse, Samen und Kerne sind ein Dauerbrenner beim Brotbacken. So werden beispielsweise Haselnüsse als Backzutat ganz, gehackt, gehobelt oder gemahlen verwendet, Gleiches gilt für Walnüsse, Mandeln und Pistazien. Samen wie z. B. die ölhaltigen Samen des Mohns oder die Samen der Sesampflanze bringen Abwechslung ins Spiel. Zum Backen geeignet sind zudem Leinsamen, Kürbiskerne, Schwarzkümmel, Haferflocken, Sonnenblumenkerne, Chia- und Hanfsamen.
Wer es hingegen süß und gehaltvoll mag, dem bietet Trockenobst viele Möglichkeiten. Zu den bekanntesten Trockenfrüchten, die sich für süße Brote verwenden lassen, zählen Rosinen, Feigen, Datteln, Pflaumen, Aprikosen und Äpfel. Sie werden meist klein gehackt unter den Teig gezogen und verleihen den fertigen Backwaren ein unverwechselbares Aroma.

Nützliche Brotbackutensilien

Keine Angst: Als Hobbybäcker oder -bäckerin benötigen Sie kein ausgefeiltes Equipment. Utensilien wie Rührschüsseln, Teigschaber, Sieb, Teigrolle oder Schneebesen haben Sie mit Sicherheit ohnehin im Haushalt. Auch eine Küchenwaage gehört in jedem Fall dazu. Am besten eignen sich Digitalwaagen, denn diese wiegen auf das

Gramm genau. Viele Brote werden einfach von Hand geformt und dann auf einem mit Backpapier belegten Backblech gebacken. Andere lassen sich z. B. in einfachen Kastenformen backen. Dies gilt vor allem für weiche, klebrige Teige. Wer sich hingegen für ein No-Knead-Bread entscheidet, benötigt einen ausreichend großen, ofenfesten Topf mit Deckel. Aber auch den haben Sie wahrscheinlich ohnehin im Haus.

Tipps für gutes Gelingen

Brotbacken ist kein Hexenwerk. Einiges gibt es jedoch zu beachten, damit alles gut gelingt und sich keine unliebsamen Überraschungen einstellen. Wenn Sie die folgenden Tipps beherzigen, kann schon fast nichts mehr schiefgehen:

- Bevor Sie loslegen, sollten Sie das Rezept von Anfang bis Ende durchlesen und alle benötigten Utensilien und Zutaten bereitstellen. Braucht der Teig Zeit zum Kühlen oder Aufgehen? Sind alle benötigten Backutensilien und Zutaten vorhanden? Auf wie viel Grad muss der Ofen vorgeheizt werden? Erst wenn alles klar ist und bereitliegt, fangen Sie mit der eigentlichen „Arbeit" an. Halten Sie sich dabei exakt ans Rezept. Denn beim Brotbacken kommt es auf Genauigkeit an!
- Außer Roggen- und Weizenvollkornmehl sollten alle Mehle immer gesiebt werden. So bilden sich keine Klümpchen, die hinterher zu Luft im Teig führen und Löcher im Brot hinterlassen. Außerdem verbindet sich gesiebtes Mehl leichter mit der zugesetzten Flüssigkeit.
- Viele scheuen sich davor, Hefeteig zuzubereiten, weil sie unsicher sind, was das Gehen des Teigs betrifft. Dabei ist dies gar nicht so schwer: Legen Sie den Teig in eine Schüssel oder einen Gärkorb, decken Sie ihn mit einem sauberen Küchentuch ab und stellen Sie die Schüssel dann an einen warmen Ort (mindestens 25 °C). Im Winter können Sie sie z. B. auf oder in die Nähe einer Heizung stellen. Wenn der Teig dennoch nicht richtig aufgehen will, stellen Sie die Schüssel einfach in den auf 50 °C vorgeheizten Backofen.
- Während bei einem Roggenteig ein bis zwei Minuten Kneten vollkommen ausreichen, sollten Weizenteige mindestens zehn Minuten geknetet werden,

damit sich die Klebereiweiße gut vernetzen können. So verhindert man, dass sich später Lufttaschen im Brot bilden. Ob der Teig ausreichend geknetet wurde, zeigt der „Fenstertest“: Dafür einfach ein tischtennisballgroßes Stück Teig vorsichtig auseinanderziehen, bis man durch den Teig sehen kann. Wenn der Teig dabei zerreißt, muss er noch länger geknetet werden.

- Beim Backen ist es wichtig, dass eine konstante Temperatur im Ofen herrscht. Das Öffnen der Backofentür sollte daher absolut tabu sein.
- Dampf hält die Teigoberfläche kühl und elastisch und ermöglicht ein optimales Gebäckvolumen. Stellen Sie dazu einfach eine Tasse Wasser in den Backofen. Durch das Verdampfen bekommen Brot und Brötchen eine schöne Kruste.
- Wenn Sie ein No Knead Bread backen, sollten Sie nicht vergessen, dass der aufgeheizte Topf aus dem Ofen sehr heiß werden kann! Verwenden Sie daher nach dem Vorheizen des Topfes sowie beim Herausnehmen des Brotes nach dem Backen unbedingt Topflappen oder Küchenhandschuhe!
- Ist das Brot fertig gebacken? Prüfen Sie es mit dem Klopftest! Nehmen Sie dazu den Brotlaib vom Blech oder aus der Form und klopfen Sie mit den

Fingern auf die Unterseite. Klingt es dabei hohl, ist das Brot fertig. Hört es sich hingegen ein wenig dumpf an, braucht das Brot noch eine Weile.

- Sind Brot oder Brötchen fertig, heißt es abwarten. Beides backt während des Abkühlens noch nach. Also erst an- oder aufschneiden, wenn das Selbstgebackene vollständig abgekühlt ist.
- Unverpacktes Brot, das nicht sofort verzehrt wird, hält sich in sauberen, trockenen und belüfteten Behältnissen bei 12 bis 18 °C am besten. Dazu gehören Brottöpfe aus Keramik, Brotkästen aus Holz oder Plastik sowie Brotsäcke aus Stoff oder Plastik.

Einfach – aber gut!

In der eigenen Küche Brot oder Brötchen zu backen ist einfacher, als viele denken. Außerdem bereitet es viel Freude, zu beobachten, wie aus einem kleinen Teigling nach der Gehzeit ein großer und daraus nach dem Backen knusprige Brötchen oder ein leckeres Brot werden. Das gute Gefühl, etwas selbst zuzubereiten, das allen schmeckt, ist unvergleichlich.
Dieses Buch macht es Ihnen leicht. Mit nur fünf Zutaten sind Sie für alle Zwecke gewappnet. Neben Klassikern wie Weiß-, Misch- und Vollkornbrot warten auch Trendbrote wie Low-carb- oder Paleo-Brote darauf, ausprobiert zu werden. Wer lieber kleinere Portionen hat, setzt auf Brötchen und Kleingebäck wie z. B. Milchbrötchen oder Brezen. Knabbergebäck wie Cracker und Grissini rundet jeden gemütlichen Abend mit Freunden und Familie ab und ist im Nu zubereitet. Und auch die Partybrote kommen in diesem Buch nicht zu kurz: Ob Zupfbrot, Würstchen im Brotteig, Stockbrot oder selbst gemachte Beilagen für die nächste Grillparty wie Baguette oder Ciabatta – hier bleibt garantiert nichts übrig. Dass es nicht immer herzhaft sein muss, beweisen süße Brote und Brotdesserts wie Bananenbrot und Schokobrötchen, French Toast, Brotauflauf und Scheiterhaufen. Mit den einfachen Rezepten in diesem Buch gelingt das Backen selbst Anfängern und Anfängerinnen problemlos. Also ab an den Herd und nichts wie losbacken!

Klassiker & Spezialbrote

Urkornbrot

Zutaten für 1 Brot

½ Würfel Hefe

500 g Emmermehl

300 ml Milch

5 EL gemischte Kerne und Samen sowie einige zum Bestreuen

außerdem: 1 ½ TL Salz

Pro Brot: ca. 2354 kcal, 92 g EW, 60 g F, 338 g KH
Zubereitung: ca. 15 Min. + Backzeit ca. 1 Std.

1. Hefe in 150 Milliliter lauwarmem Wasser auflösen. Mehl in eine Schüssel geben und mit Milch, Kernen und Samen sowie Salz und Hefewasser in der Küchenmaschine zu einem Teig verkneten. Teig abgedeckt an einem warmen Ort ca. 1 Stunde ruhen lassen.

2. Backofen auf 220 °C (Umluft: 200 °C) vorheizen. Teig in die Backform geben, mit Kernen und Samen bestreuen und ca. 15 Minuten ruhen lassen. Urkornbrot im vorgeheizten Backofen ca. 50–60 Minuten backen.

Bauernbrot
aus dem Topf

Zutaten für 1 Brot

800 g Weizenmehl (Type 550) und etwas Mehl zum Arbeiten

¼ Würfel Hefe

außerdem:
1 EL Salz,
1 TL Zucker

Pro Brot: ca. 2816 kcal, 82 g EW, 8 g F, 584 g KH
Zubereitung: ca. 15 Min. + Backzeit ca. 2 Std. 5 Min.

1. Mehl in einer Schüssel mit Salz und Zucker mischen. Hefe mit 650 Milliliter lauwarmem Wasser verrühren, bis sie sich aufgelöst hat. Hefewasser und Mehl mit der Hand oder dem Teigschaber grob zu einem Teig vermengen. Schüssel abdecken und Teig ca. 12–20 Stunden bei Raumtemperatur gehen lassen.

2. Ofen auf 200 °C (Umluft: 180 °C) vorheizen. Ofenfesten Topf im Ofen aufheizen lassen. Teig auf eine bemehlte Arbeitsfläche geben und mit einer Teigkarte locker von oben und unten je zu einem Drittel wie einen Brief zusammenklappen. Danach mittig von rechts nach links falten. Teig dabei nicht drücken oder kneten.

3. Topf vorsichtig aus dem Ofen nehmen (heiß!), Teig mit der Naht nach oben in den Topf gleiten lassen und kreuzförmig einschneiden. Mit einem Deckel zugedeckt ca. 1 Stunde und 20 Minuten im vorgeheizten Ofen backen. Deckel entfernen (heiß!) und ca. 45 Minuten backen, bis das Brot eine schöne Kruste gebildet hat. Topf aus dem Ofen holen, Brot vorsichtig herausnehmen und auskühlen lassen.

Toastbrot

Zutaten für 2 Brote

500 g Weizenmehl und
etwas Mehl zum Arbeiten

½ Würfel
Hefe

10 g weiche Butter
und etwas Butter
für die Formen

50 ml Milch

außerdem:
1 gehäufter TL Salz

Pro Brot: ca. 1940 kcal, 56 g EW, 24 g F, 364 g KH
Zubereitung: ca. 10 Min. + Backzeit ca. 30 Min.

1. Mehl in eine Schüssel geben und Hefe hineinbröckeln. Weiche Butter, Milch, Salz und 300 Milliliter Wasser zugeben und alles zu einem Teig verkneten. Teig abgedeckt an einem warmen Ort ca. 1 Stunde ruhen lassen.

2. Teig auf eine bemehlte Arbeitsfläche legen, kurz durchkneten und Teig halbieren. 2 Kastenformen mit Butter ausstreichen. Teig einfüllen und abgedeckt nochmals ca. 1 Stunde ruhen lassen. Backofen auf 220 °C (Umluft: 200 °C) vorheizen.

3. Kastenformen mit Backpapier abdecken und im vorgeheizten Backofen ca. 25 Minuten backen. Abdeckung entfernen und weitere ca. 5 Minuten backen. Herausnehmen, aus den Formen stürzen und auf einem Kuchenrost auskühlen lassen.

Das Toastbrot kann in Scheiben geschnitten prima eingefroren werden. So haben Sie immer einen Vorrat im Haus und brauchen die Scheiben bei Bedarf nur noch kurz im Toaster bräunen.

Roggenbrot

Zutaten für 1 Brot

700 g Roggenmehl
und etwas Mehl für
die Form

1 Pck.
Trockenhefe

2 TL
Apfelessig

außerdem:
2 TL Salz

Pro Brot: ca. 2280 kcal, 61 g EW, 9 g F, 473 g KH
Zubereitung: ca. 10 Min. + Backzeit ca. 50 Min.

1. Roggenmehl, Hefe und Salz in eine große Schüssel geben und vermischen. Apfelessig und 500 Milliliter lauwarmes Wasser zugeben und alles mit den Händen zu einem gleichmäßigen Teig verkneten. Teig mindestens 2 Stunden an einem warmen Ort ruhen lassen.

2. Backofen auf 170 °C (Umluft: 150 °C) vorheizen. Teig in eine bemehlte Kastenform geben und im vorgeheizten Backofen ca. 50 Minuten backen. Roggenbrot in der Form abkühlen lassen.

Sind Sie unsicher, ob das Brot gut durchgebacken ist? Hier hilft die Klopfprobe: Einfach mit den Fingerknöcheln auf die Unterseite des Brotes klopfen. Klingt es hohl, ist es durchgebacken. Hört es sich eher dumpf an, sollte das Brot noch einige Minuten im Backofen verbleiben.

Mischbrot

Zutaten für 1 Brot

250 g Weizenmehl und etwas Mehl zum Arbeiten

250 g Dinkelmehl

250 g Roggenvollkornmehl

14 g Trockenhefe

außerdem:
2 ½ EL Essig, 1 TL Zucker, 2 TL Salz

Pro Brot: ca. 2636 kcal, 88 g EW, 11 g F, 517 g KH
Zubereitung: ca. 15 Min. + Backzeit ca. 50 Min.

1. Weizen- und Dinkelmehl in eine Rührschüssel sieben. Roggenvollkornmehl, Hefe, Essig, Zucker und Salz zufügen und alles gut vermischen.

2. 450 Milliliter lauwarmes Wasser zugießen und alles ca. 5 Minuten mit den Händen oder mit den Knethaken des Handrührgeräts zu einem homogenen Teig verkneten. Mit einem sauberen Küchentuch bedecken und ca. 40 Minuten gehen lassen, bis sich das Teigvolumen verdoppelt hat.

3. Backofen auf 175 °C (Umluft: 155 °C) vorheizen. Teig auf einer bemehlten Arbeitsfläche nochmals durchkneten, zu einem Laib formen und auf ein mit Backpapier belegtes Backblech setzen. Ein ofenfestes Gefäß mit Wasser füllen und auf den Boden des Backofens stellen. Brot im vorgeheizten Backofen ca. 50 Minuten backen.

Das Brot bekommt eine schöne glänzende Kruste, wenn man es ca. 10 Minuten vor Ende der Backzeit mit Wasser einpinselt.

Malzbrot

Zutaten für 1 Brot

500 g Weizenmehl

500 ml Malzbier

125 g Röstzwiebeln

außerdem:
1 TL Salz, 1 Pck. Backpulver

Pro Brot: ca. 2486 kcal, 71 g EW, 29 g F, 476 g KH
Zubereitung: ca. 10 Min. + Backzeit ca. 50 Min.

1. Backofen auf 210 °C (Umluft: 190 °C) vorheizen. Alle Zutaten in eine Schüssel geben und mit den Knethaken des Handrührgerätes oder in einer Küchenmaschine zu einem Teig verrühren. Kastenform mit Backpapier auslegen und Teig einfüllen.

2. Malzbrot im vorgeheizten Backofen ca. 30 Minuten backen. Temperatur auf 190 °C (Umluft: 170 °C) reduzieren und weitere ca. 20 Minuten backen.

Der Teig wirkt sehr weich, nach dem Backen in der Kastenform wird das Brot aber fest und saftig.

Glutenfreies Brot
ohne Kneten

Zutaten für 1 Brot

350 g glutenfreies Mehl und etwas Mehl zum Arbeiten

150 g gemahlener Buchweizen

1 Pck. Trockenhefe

Samen nach Belieben (z. B. Sesam, Mohn)

außerdem:
1 TL Salz, Fett für die Form

Pro Brot: ca. 1909 kcal, 36 g EW, 16 g F, 399 g KH
Zubereitung: ca. 15 Min. + Backzeit ca. 45 Min.

1. Mehl, Buchweizen, Salz und Hefe in eine große Schüssel geben. Nach Belieben Samen untermischen. 500 Milliliter lauwarmes Wasser unterrühren und zugedeckt ca. 18 Stunden bei Raumtemperatur gehen lassen.

2. Teig auf eine bemehlte Arbeitsfläche geben und mit einer Teigkarte locker von oben und unten je zu einem Drittel wie einen Brief zusammenklappen. Danach mittig von rechts nach links falten. Teig dabei nicht drücken oder kneten. Teig mit der Naht nach unten in ein gut bemehltes Gärkörbchen geben und zugedeckt ca. 3 Stunden gehen lassen.

3. Backofen auf 250 °C (Umluft: 230 °C) vorheizen. Eine Kastenform einfetten und Teig mit der Naht nach oben in die gefettete Kastenform geben. Nach Belieben Brot einschneiden. Eine zweite Kastenform als Deckel daraufsetzen. Zugedeckt ca. 30 Minuten im vorgeheizten Backofen backen. Obere Kastenform vorsichtig abnehmen (heiß!) und Brot ca. 15 Minuten fertig backen.

Gewürzbrot

Zutaten für 1 Brot

700 g
Roggenmehl

1 Pck.
Trockenhefe

2 TL
Apfelessig

3 EL
Koriandersamen

außerdem: 2 TL Salz

Pro Brot: ca. 2369 kcal, 61 g EW, 9 g F, 489 g KH
Zubereitung: ca. 15 Min. + Backzeit ca. 50 Min.

1. Mehl, Hefe und Salz in eine große Schüssel geben und vermischen. Apfelessig und 500 Milliliter lauwarmes Wasser zugeben und alles mit den Händen zu einem gleichmäßigen Teig verkneten. Teig abgedeckt an einem warmen Ort ca. 2 Stunden ruhen lassen.

2. Backofen auf 170 °C (Umluft: 150 °C) vorheizen. 2 Esslöffel Koriandersamen in einem Mörser grob zerstoßen und unter den Teig kneten. Kastenform mit Backpapier auslegen. Teig einfüllen und mit restlichen Koriandersamen bestreuen.

3. Gewürzbrot im vorgeheizten Backofen ca. 50 Minuten backen. Herausnehmen und in der Form auskühlen lassen.

Kartoffelbrot

Zutaten für 1 Brot

300 g mehligkochende Kartoffeln

600 g Weizenmehl und etwas Mehl zum Arbeiten

1 Würfel Hefe

1 Ei

60 ml Olivenöl

außerdem:
1 TL Zucker,
1 TL Salz

Pro Brot: ca. 2966 kcal, 80 g EW, 67 g F, 488 g KH

Zubereitung: ca. 50 Min. + Backzeit ca. 30 Min.

1. Ausreichend Salzwasser zum Kochen bringen und Kartoffeln ca. 15–20 Minuten bei geringer Hitze weich kochen. In ein Sieb abgießen, kurz abkühlen lassen und noch warm pellen. Durch eine Kartoffelpresse in eine Schüssel drücken oder mit einem Kartoffelstampfer pürieren.

2. Mehl in eine Schüssel geben, in die Mitte eine Mulde drücken. Hefe hineinbröckeln. Mit Zucker und 175 Milliliter lauwarmem Wasser verrühren. Mit Mehl bestäuben, mit einem Küchentuch bedecken und an einem warmen Ort ca. 10 Minuten gehen lassen. Ei, Öl, Salz und Kartoffelmasse zugeben und alles gut verkneten. Abgedeckt ca. 45 Minuten gehen lassen, bis das Teigvolumen deutlich erhöht ist.

3. Teig auf einer bemehlten Arbeitsfläche kurz verkneten. Zu einem Laib formen und auf ein mit Backpapier belegtes Backblech setzen. Kreuzweise einschneiden und abgedeckt ca. 30 Minuten gehen lassen. Ofen auf 200 °C (Umluft: 180 °C) vorheizen. Brot im vorgeheizten Ofen ca. 30 Minuten goldbraun backen.

Low-Carb-Brot

Zutaten für 1 Brot

60 g gemahlene Mandeln

60 g geschrotete Leinsamen

4 Eier

150 g Magerquark

außerdem:
½ TL Salz, ½ Pck. Backpulver,
Fett für die Form

Pro Brot: ca. 1030 kcal, 76 g EW, 71 g F, 14 g KH
Zubereitung: ca. 10 Min. + Backzeit ca. 45 Min.

1. Backofen auf 150 °C (Umluft: 130 °C) vorheizen. Backform mit Fett ausstreichen. Mandeln, Leinsamen, Salz und Backpulver in einer Schüssel vermischen. Nach und nach Eier zugeben und Quark zufügen. Alle Zutaten zu einem glatten Teig verrühren.

2. Teig in die Form füllen und im vorgeheizten Backofen ca. 45 Minuten backen.

Die Brotscheiben schmecken auch getoastet sehr gut.

Weizenbrot

Zutaten für 1 Brot

½ Würfel Hefe

500 g Weizenmehl (Type 1050) und etwas Mehl zum Arbeiten

außerdem:
1 ½ TL Salz,
2 EL Zucker

Pro Brot: ca. 1873 kcal, 54 g EW, 5 g F, 390 g KH
Zubereitung: ca. 20 Min. + Backzeit ca. 45 Min.

1. Hefe in 250 Milliliter lauwarmem Wasser auflösen. Mehl in eine große Schüssel geben und Hefewasser, Salz und Zucker zugeben. Mit den Knethaken des Handrührgerätes zu einem Teig verkneten und mit den Händen zu einem geschmeidigen Teig formen. Teig abgedeckt ca. 45 Minuten an einem warmen Ort ruhen lassen.

2. Teig auf eine bemehlte Arbeitsfläche legen und kurz durchkneten. Zu einem länglichen Brotlaib formen und mit einem Messer mehrmals einschneiden. Weitere ca. 20 Minuten ruhen lassen. Backofen auf 200 °C (Umluft: 180 °C) vorheizen. Backblech mit Backpapier auslegen. Brotlaib auf Backpapier legen und im vorgeheizten Backofen ca. 40–45 Minuten backen.

Linsenbrot

Zutaten für 1 Brot

200 g Linsenmehl

100 g Butter und etwas Butter für die Form

5 Eier

außerdem:
½ TL Salz, 1 Pck. Backpulver

Pro Brot: ca. 1806 kcal, 85 g EW, 111 g F, 107 g KH
Zubereitung: ca. 10 Min. + Backzeit ca. 30 Min.

1. Backofen auf 180 °C (Umluft: 160 °C) vorheizen. Linsenmehl mit Salz und Backpulver in eine Schüssel geben. Butter schmelzen und mit den Eiern zum Linsenmehl geben. Alles gut vermengen.

2. Teig in eine gefettete Kastenform füllen und im vorgeheizten Backofen ca. 30 Minuten backen. Stäbchenprobe machen. Brot aus der Form nehmen und auskühlen lassen.

Fladenbrot

Zutaten für 2 Brote

1 Würfel Hefe

500 g Weizenmehl und etwas Mehl zum Arbeiten

50 g weiche Butter

1 Ei

2 EL Sesam

außerdem:
2 TL Salz,
1 TL Zucker

Pro Brot: ca. 1179 kcal, 34 g EW, 31 g F, 185 g KH
Zubereitung: ca. 30 Min. + Backzeit ca. 20 Min.

1. Hefe und Zucker in 250 Milliliter lauwarmem Wasser auflösen. Mehl in eine große Schüssel geben und in die Mitte eine Mulde drücken. Hefewasser hineingießen. Butter, Ei und Salz zugeben und alles mit den Knethaken der Küchenmaschine mindestens ca. 5 Minuten kneten. Mit den Händen zu einem Teig verkneten und zu einer Kugel formen. Abgedeckt ca. 40 Minuten ruhen lassen.

2. Teig auf eine bemehlte Arbeitsfläche legen und kurz durchkneten. Teig halbieren. Jedes Teigstück zu einem runden Fladen (ca. 25 Zentimeter im Durchmesser) ausrollen. Backblech mit Backpapier auslegen und Fladen darauflegen. Abgedeckt weitere ca. 10 Minuten ruhen lassen. Mit nassen Fingern oder einem Messer Kerben in den Teig drücken. Fladen abgedeckt ca. 1 Stunde ruhen lassen. Backofen auf 200 °C (Umluft: 180 °C) vorheizen.

3. Fladenbrote mit jeweils ca. 1 Esslöffel Wasser bestreichen und gleichmäßig mit Sesam bestreuen. Im vorgeheizten Backofen ca. 20 Minuten backen.

Chiabrot
aus dem Topf

Zutaten für 1 Brot

400 g Dinkelmehl (Type 630) und etwas Mehl zum Arbeiten

½ Pck. Trockenhefe

2 EL Chiasamen

3 EL gehackte Nüsse nach Belieben

2 EL Leinsamen

außerdem: 1 ½ TL Salz

Pro Brot: ca. 1943 kcal, 66 g EW, 52 g F, 290 g KH
Zubereitung: ca. 15 Min. + Backzeit ca. 55 Min.

1. Alle Zutaten in einer großen Schüssel vermischen. 340 Milliliter Wasser zugeben und alles verrühren. Zudecken und bei Raumtemperatur ca. 18 Stunden gehen lassen.

2. Backofen auf 250 °C (Umluft: 230 °C) vorheizen. Teig auf eine bemehlte Arbeitsfläche geben und mit einer Teigkarte locker von oben und unten je zu einem Drittel wie einen Brief zusammenklappen. Danach mittig von rechts nach links falten. Teig dabei nicht drücken oder kneten. Teig mit der Naht nach unten in ein gut bemehltes Gärkörbchen geben und zugedeckt ca. 30 Minuten gehen lassen.

3. Topfboden mit einem kreisförmig in Topfbodengröße zugeschnittenen Stück Backpapier belegen, Topfrand mit einem Streifen Backpapier auslegen. Brot hineingeben und im vorgeheizten Backofen zugedeckt ca. 5 Minuten backen. Ofentemperatur auf 230 °C (Umluft: 210 °C) reduzieren und ca. 30 Minuten weiterbacken. Deckel vorsichtig abnehmen (heiß!) und Brot ca. 20 Minuten fertig backen.

No-Knead-Wurzelbrot

Zutaten für 2 Brote

400 g Weizenmehl
(Type 550) und etwas
Mehl zum Arbeiten

25 ml
Olivenöl

¼ Würfel
Hefe

außerdem:
1 TL Salz

Pro Brot: ca. 808 kcal, 21 g EW, 14 g F, 145 g KH
Zubereitung: ca. 15 Min. + Backzeit ca. 25 Min.

1. Mehl, Salz und Öl in eine große Schüssel geben und vermischen. Hefe in einer Schüssel in 250 Millilitern lauwarmem Wasser auflösen. Hefewasser zur Mehlmischung geben und alles verrühren. Zugedeckt ca. 24 Stunden bei Raumtemperatur gehen lassen. Nach ca. 8 Stunden sowie nach ca. 16 Stunden den Teig mit feuchten Händen an den Rändern nach oben dehnen und mittig falten.

2. Backofen auf 250 °C (Umluft: 230 °C) vorheizen und zwei Backbleche in den Ofen schieben. Teig auf eine bemehlte Arbeitsfläche geben, in zwei Portionen teilen und zu länglichen Stangen formen. Jede Teigportion mit beiden Händen an den Enden fassen und gegeneinander verdrehen.

3. Backbleche vorsichtig aus dem Ofen nehmen (heiß!) und mit Backpapier auslegen. Teigstangen auf ein Backblech legen und mit dem zweiten Backblech bedecken. Ofentemperatur auf 230 °C (Umluft: 210 °C) reduzieren und Wurzelbrot ca. 25 Minuten im vorgeheizten Backofen backen.

Vollkornbrot

Zutaten für 1 Brot

500 g Dinkel-Vollkornmehl

150 g gemischte Kerne (z. B. Sonnenblumenkerne, Kürbiskerne, Leinsamen)

1 Würfel Hefe

2 EL Apfelessig

außerdem: 2 TL Salz

Pro Brot: ca. 2642 kcal, 115 g EW, 91 g F, 333 g KH
Zubereitung: ca. 10 Min. + Backzeit ca. 1 Std.

1. Mehl in eine große Schüssel geben und mit Kernen, Hefe, Salz, Apfelessig und 500 Milliliter Wasser in der Küchenmaschine oder mit den Knethaken des Handrührgerätes zu einem relativ flüssigen Teig verarbeiten.

2. Kastenform mit Backpapier auslegen. Teig einfüllen und glatt streichen. Backofen nicht vorheizen! Vollkornbrot im Backofen auf der mittleren Schiene bei 200 °C (Umluft: 180 °C) ca. 1 Stunde backen.

Paleo-Brot

Zutaten für 1 Brot

400 g Mandelmehl (teilentölt)

40 g Flohsamenschalen

100 g Kürbiskerne und Kürbiskerne zum Bestreuen

6 Eiweiß

außerdem:
1 Pck. Weinstein-Backpulver, 3 TL Salz

Pro Brot: ca. 2385 kcal, 245 g EW, 102 g F, 59 g KH
Zubereitung: ca. 15 Min. + Backzeit ca. 1 Std. und 10 Min.

1. Backofen auf 170 °C (Umluft: 150 °C) vorheizen. Mandelmehl, Flohsamenschalen und Backpulver in eine Schüssel geben und vermischen. Kürbiskerne untermischen. 350 Milliliter heißes Wasser zugeben und zu einem festen Teig verrühren. Salz und Eiweiße zugeben und alles mit den Knethaken des Handrührgerätes zu einem Teig verkneten.

2. Backform mit Backpapier auslegen. Teig einfüllen, glatt streichen und mit Kürbiskernen bestreuen. Paleo-Brot im vorgeheizten Backofen ca. 60–70 Minuten backen.

Olivenbrot

Zutaten für 1 Brot

600 g Weizenmehl und etwas Mehl zum Arbeiten

½ Würfel Hefe

30 ml Olivenöl

2 EL gehackter Rosmarin nach Belieben

150 g schwarze Oliven ohne Kerne

außerdem:
1 TL Zucker,
1 ½ EL Salz

Pro Brot: ca. 2731 kcal, 67 g EW, 87 g F, 447 g KH
Zubereitung: ca. 15 Min. + Backzeit ca. 40 Min.

1. Mehl in eine Schüssel geben, Zucker und Salz zufügen und vermischen. Hefe hineinbröckeln. Olivenöl und ca. 300 Milliliter lauwarmes Wasser zugeben. Mit den Knethaken des Handrührgerätes ca. 5 Minuten zu einem glatten Teig verkneten. Nach Belieben Rosmarin unterkneten. Teig abgedeckt an einem warmen Ort ca. 1 Stunde ruhen lassen.

2. Backblech mit Backpapier auslegen. Oliven grob hacken. Teig auf eine bemehlte Arbeitsfläche legen und kurz durchkneten. Oliven unterkneten. Teig zu einem Laib formen und auf das Backpapier legen. Abgedeckt ca. 30 Minuten ruhen lassen. Backofen auf 220 °C (Umluft: 200 °C) vorheizen.

3. Teigoberfläche mit einem Messer drei- bis viermal leicht einschneiden und mit Wasser bestreichen. Eine ofenfeste Schüssel mit Wasser auf den Boden des Backofens stellen. Olivenbrot im vorgeheizten Backofen ca. 10 Minuten backen. Temperatur auf 180 °C (Umluft: 160 °C) reduzieren und weitere ca. 30 Minuten backen.

Brötchen & Kleingebäck

Knetfreie
Weizenbrötchen

Zutaten für 8 Stück

600 g Weizenmehl (Type 550) und etwas Mehl zum Arbeiten

½ Würfel Hefe

außerdem:
2 TL Salz

Pro Stück: ca. 264 kcal, 8 g EW, 1 g F, 54 g KH
Zubereitung: ca. 10 Min. + Backzeit ca. 15 Min.

1. Mehl und Salz in eine große Schüssel geben. Hefe in 500 Milliliter Wasser auflösen und zum Mehl geben. Alles verrühren und zugedeckt ca. 10 Stunden bei Raumtemperatur gehen lassen.

2. Teig auf eine bemehlte Arbeitsfläche geben und mit einer Teigkarte locker von oben und unten je zu einem Drittel wie einen Brief zusammenklappen. Mittig von rechts nach links falten. Teig dabei nicht drücken oder kneten. Teig in 8 gleich große Portionen teilen, zu Brötchen formen und gut mit Mehl bestäuben. Zugedeckt ca. 30 Minuten gehen lassen.

3. Ein mit Backpapier ausgelegtes Backblech in den Ofen schieben und Backofen auf 250 °C (Umluft nicht geeignet) vorheizen. Backblech vorsichtig aus dem Ofen nehmen (heiß!) und Teiglinge auf das Backblech legen. Eine feuerfeste Schale mit Wasser in den Backofen stellen. Im vorgeheizten Backofen ca. 10 Minuten backen, Schale mit Wasser entfernen und Brötchen ca. 5 Minuten fertig backen lassen.

Brezen

Zutaten für ca. 6 Stück

½ Würfel Hefe

150 ml lauwarme Milch

250 g Weizenmehl und etwas Mehl zum Arbeiten

20 g Butter

3 EL Natron

außerdem:
½ TL Zucker,
½ TL Salz,
grobes Salz zum Bestreuen, Fett für das Backblech

Pro Stück: ca. 191 kcal, 6 g EW, 4 g F, 32 g KH
Zubereitung: ca. 45 Min. + Backzeit ca. 20 Min.

1. Hefe mit etwas Milch und Zucker verrühren und ca. 15 Minuten bei Zimmertemperatur ruhen lassen. Mehl in eine Schüssel geben und mit Hefemilch, restlicher Milch, Salz und Butter zu einem elastischen Teig verkneten. Teig abgedeckt an einem warmen Ort ca. 30 Minuten ruhen lassen.

2. Teig auf eine bemehlte Arbeitsfläche legen und kräftig durchkneten. Aus dem Teig eine Rolle formen und diese in 6 gleiche Teile teilen. Aus jedem Teigstück eine ca. 30 Zentimeter lange Rolle formen, die in der Mitte etwas dicker ist. Daraus Brezen formen. Brezen abgedeckt ca. 15 Minuten ruhen lassen.

3. Brezen ca. 1 Stunde kalt stellen. Backblech einfetten. 1 Liter Wasser zum Kochen bringen und Natron (langsam!) einrieseln lassen. Brezen portionsweise mit einer Schaumkelle ca. 30 Sekunden ins Wasser tauchen, abtropfen lassen und mit grobem Salz bestreuen. Ofen nicht vorheizen! Brezen auf das Backblech legen und im Backofen bei 220 °C (Umluft: 200 °C) ca. 18–20 Minuten backen.

Burger Buns

Zutaten für 8 Stück

45 g Butter

300 ml Milch

½ Würfel Hefe

500 g Weizenmehl und
etwas Mehl um Arbeiten

2 Eier

außerdem:
1 ½ TL Zucker,
1 TL Salz, Sesam
zum Bestreuen

Pro Stück: ca. 316 kcal, 10 g EW, 8 g F, 49 g KH
Zubereitung: ca. 30 Min. + Backzeit ca. 20 Min.

1. Butter in einem Topf zerlassen, Milch zugeben und lauwarm erwärmen. Mit Zucker und zerbröckelter Hefe in eine Rührschüssel geben. Ca. 10 Minuten ruhen lassen, bis die Mischung leicht aufschäumt.

2. In einer zweiten Schüssel Mehl und Salz mischen. Hefemilch und 1 Ei zugeben und alles mit den Knethaken des Handrührgeräts ca. 5 Minuten zu einem glatten Teig verkneten. Mit einem Küchentuch bedecken und ca. 30 Minuten an einem warmen Ort gehen lassen, bis der Teig sein Volumen deutlich erhöht hat.

3. Teig auf einer bemehlten Arbeitsfläche kurz durchkneten, bis er nicht mehr klebt (gegebenenfalls etwas Mehl zugeben). In 8 Portionen teilen und zu Brötchen formen. Auf ein mit Backpapier belegtes Blech legen, mit einem Küchentuch bedecken und ca. 45 Minuten gehen lassen. Ofen auf 190 °C (Umluft: 170 °C) vorheizen.

4. Übriges Ei mit 2 Esslöffeln Wasser verschlagen, Burger Buns damit bestreichen und mit Sesam bestreuen. Im vorgeheizten Ofen ca. 20 Minuten goldbraun backen.

Cloud Bread

Zutaten für 6 Stück

3 Eier

100 g Doppelrahm-
frischkäse

1 TL Weißwein-
essig

außerdem:
1 TL Backpulver, 1 Prise Salz

Pro Stück: ca. 80 kcal, 4 g EW, 7 g F, 1 g KH
Zubereitung: ca. 10 Min. + Backzeit ca. 30 Min.

1. Backofen auf 150 °C (Umluft: 130 °C) vorheizen. 2 Backbleche mit Backpapier auslegen. Eier trennen. Eigelbe mit Frischkäse verrühren. Backpulver unterrühren. Eiweiße mit Weißweinessig und 1 Prise Salz steif schlagen und in zwei Portionen vorsichtig unterheben.

2. Mit einem Esslöffel jeweils 6 Kleckse mit ausreichend Abstand auf das Backpapier geben, etwas flach drücken und im vorgeheizten Backofen ca. 25–30 Minuten goldbraun backen.

Cloud Bread kann prima variiert werden. Mit Kräutern wie Rosmarin oder Thymian erhalten Sie im Nu eine andere Geschmacksnote.

Bagels
ohne Kneten

Zutaten für 12 Stück

600 g Weizenmehl (Type 550) und etwas Mehl zum Arbeiten

½ Pck. Trockenhefe

Samen nach Belieben (z. B. Sesam, Mohn)

80 g Zucker

außerdem: 2 TL Salz

Pro Stück: ca. 213 kcal, 6 g EW, 1 g F, 43 g KH
Zubereitung: ca. 35 Min. + Backzeit ca. 25 Min.

1. Mehl, Hefe, Salz und 2 Esslöffel Zucker in eine Schüssel geben und vermischen. 600 Milliliter Wasser zugeben und alles gut verrühren. Zudecken und bei Raumtemperatur ca. 20 Stunden gehen lassen.

2. Teig auf einer bemehlten Arbeitsfläche mit einer Teigkarte von oben und unten je zu einem Drittel wie einen Brief zusammenklappen und mittig von rechts nach links falten. Ein- bis zweimal wiederholen. Zugedeckt ca. 10 Minuten gehen lassen. Teig in zwölf Portionen teilen und zu Kugeln formen. Leicht flach drücken und ein Loch in die Mitte stechen. Weitere ca. 20 Minuten gehen lassen. Backofen auf 220 °C (Umluft nicht geeignet) vorheizen.

3. Ausreichend Wasser mit restlichem Zucker aufkochen. Bagels nacheinander ca. 1 Minute hineingeben, dabei einmal wenden. Herausnehmen und abtropfen lassen. Mit Samen bestreuen und auf einem mit Backpapier belegten Blech im vorgeheizten Ofen ca. 25 Minuten backen. Nach der Hälfte der Backzeit wenden.

Quarkbrötchen
ohne Kneten

Zutaten für ca. 8 Stück

400 g Weizenmehl (Type 1050) und etwas Mehl zum Arbeiten

¼ Würfel Hefe

100 ml Milch

300 g Quark

Sesam zum Bestreuen

außerdem:
1 ½ TL Salz

Pro Stück: ca. 331 kcal, 13 g EW, 6 g F, 56 g KH
Zubereitung: ca. 15 Min. + Backzeit ca. 18 Min.

1. 100 Gramm Mehl in einer Schüssel mit 100 Milliliter Wasser und Hälfte der Hefe mischen. Zugedeckt bei Raumtemperatur ca. 12 Stunden gehen lassen. Übrige Hefe in Milch auflösen und mit übrigem Mehl, Quark und Salz zur Mehlmischung geben. Gut verrühren und zugedeckt ca. 30 Minuten gehen lassen. Teig dehnen, in die Mitte falten und weitere ca. 30 Minuten gehen lassen. Vorgang noch zweimal wiederholen. Teig zugedeckt weitere ca. 12 Stunden gehen lassen.

2. Backofen auf 250 °C (Umluft nicht geeignet) vorheizen. Backblech mit Backpapier belegen und in den Backofen schieben. Teig auf eine bemehlte Arbeitsfläche geben und mit einer Teigkarte erst von rechts und links, dann von oben und unten einschlagen (nicht kneten). Vorgang ein- bis zweimal wiederholen.

3. Blech vorsichtig aus dem Ofen nehmen (heiß!). Teig in 8 gleich große Portionen teilen, mit feuchten Händen zu Brötchen formen, mit Sesam bestreuen und auf das Blech legen. Quarkbrötchen im vorgeheizten Backofen ca. 18 Minuten backen.

Pfannenbrot

Zutaten für 4 Stück

185 ml Milch

50 g Butter

300 g Weizenmehl und etwas Mehl zum Arbeiten

außerdem:
1 TL Backpulver, 1 TL Salz, Öl

Pro Stück: ca. 418 kcal, 9 g EW, 16 g F, 57 g KH
Zubereitung: ca. 30 Min.

1. Milch in einem kleinen Topf erhitzen und Butter darin schmelzen. Mehl in eine Schüssel geben und mit Backpulver vermischen. Milch-Butter-Gemisch unterrühren, Salz zugeben und alles zu einem geschmeidigen Teig verkneten. Teig in vier Teile teilen und auf einer bemehlten Arbeitsfläche dünn ausrollen.

2. Öl in einer Pfanne erhitzen und Teigfladen ca. 1–2 Minuten braten. Sobald sich Blasen auf der Oberfläche bilden, den Fladen wenden und weitere 1–2 Minuten von der anderen Seite braten. Mit den restlichen Teigfladen ebenso verfahren. Die bereits gebackenen Fladen können im Backofen bei niedriger Temperatur warm gehalten werden.

Lauwarm schmeckt das Pfannenbrot besonders gut.

Rosmarin-Grissini

Zutaten für ca. 20 Stück

250 g Weizenmehl und etwas Mehl zum Arbeiten

¼ Würfel Hefe

4 Stängel Rosmarin

50 ml Olivenöl

außerdem:
1 EL Zucker, 1 TL Salz

Pro Stück: ca. 71 kcal, 1 g EW, 3 g F, 10 g KH
Zubereitung: ca. 25 Min. + Backzeit ca. 15 Min.

1. Mehl in eine Schüssel geben und in die Mitte eine Mulde drücken. Hefe hineinbröckeln, mit 100 Millilitern lauwarmem Wasser und Zucker verrühren und ca. 15 Minuten ruhen lassen.

2. Rosmarin waschen, trocken schütteln, Nadeln abzupfen und fein hacken. Rosmarin, Salz und Öl zum Mehl geben und mit den Knethaken des Handrührgeräts in ca. 5 Minuten zu einem glatten Teig verarbeiten. Zu einer Kugel formen, mit Mehl bestäuben und, mit einem sauberen Küchentuch bedeckt, an einem warmen Ort ca. 30 Minuten gehen lassen, bis der Teig sein Volumen deutlich erhöht hat.

3. Ofen auf 200 °C (Umluft: 180 °C) vorheizen. Teig auf einer bemehlten Arbeitsfläche ca. 5 Millimeter dick zu einem Rechteck ausrollen und in 20 Streifen schneiden. Auf ein mit Backpapier belegtes Backblech legen und zugedeckt nochmals ca. 10 Minuten gehen lassen. Im vorgeheizten Ofen ca. 13–15 Minuten goldbraun backen und abkühlen lassen.

Käse-Cracker

Zutaten für 1 Blech

200 g Weizenmehl und etwas Mehl zum Arbeiten

100 g geriebener Käse

70 g weiche Butter

außerdem:
½ TL Salz, ½ TL Knoblauchpulver, ½ TL edelsüßes Paprikapulver

Pro Blech: ca. 1609 kcal, 49 g EW, 88 g F, 152 g KH
Zubereitung: ca. 20 Min. + Backzeit ca. 15 Min.

1. Mehl, Käse, Salz, Knoblauch- und Paprikapulver in eine Rührschüssel geben und alles vermischen. Butter zufügen, 80 Milliliter kaltes Wasser zugeben und alles mit den Knethaken des Handrührgeräts zu einem glatten Teig verkneten. Teig zu einer Kugel formen, in Frischhaltefolie wickeln und ca. 30 Minuten kalt stellen.

2. Backofen auf 200 °C (Umluft: 180 °C) vorheizen. Teig auf einer bemehlten Arbeitsfläche ca. 2–3 Millimeter dick ausrollen, in kleine Quadrate oder Rechtecke schneiden und auf ein mit Backpapier belegtes Backblech legen.

3. Mit einem Holzspieß kleine Löcher in die Cracker stechen, damit der Teig gleichmäßig aufgeht. Im vorgeheizten Backofen in ca. 15 Minuten goldbraun backen. Vollständig abkühlen lassen und servieren.

Die Cracker können Sie einfach so knabbern oder mit einem Aufstrich, z. B. Frischkäse mit Räucherlachs, bestreichen und servieren.

Roggenbrötchen

Zutaten für 12 Stück

250 g Roggenvollkorn-
mehl und etwas Mehl
zum Arbeiten

7 g Trockenhefe

1 Eigelb

2 EL gemischte Samen

außerdem:
2 TL Salz, 1 EL Öl

Pro Stück: ca. 95 kcal, 3 g EW, 3 g F, 13 g KH
Zubereitung: ca. 15 Min. + Backzeit ca. 25 Min.

1. Mehl in eine Rührschüssel geben. Hefe, Salz, Öl und 375 Milliliter lauwarmes Wasser zufügen. Alles mit den Knethaken des Handrührgeräts ca. 5 Minuten zu einem glatten Teig verkneten. Teig mit einem sauberen Küchentuch bedecken und an einem warmen Ort ca. 1 Stunde gehen lassen, bis sich das Volumen deutlich erhöht hat.

2. Teig auf einer bemehlten Arbeitsfläche nochmals gut durchkneten. In 12 Portionen teilen und jeweils zu Brötchen formen. Brötchen auf ein mit Backpapier belegtes Backblech setzen und, mit einem sauberen Küchentuch bedeckt, nochmals ca. 30 Minuten gehen lassen.

3. Backofen auf 180 °C (Umluft: 160 °C) vorheizen. Eigelb in einer Schüssel verschlagen, Brötchen damit bestreuen und mit den Samen bestreuen. Im vorgeheizten Backofen ca. 25 Minuten backen und auf einem Kuchengitter abkühlen lassen.

Keto-Knäckebrot

Zutaten für 1 Blech

40 g Leinsamen

40 g Chiasamen

40 g Mohn

20 g Flohsamen-schalenmehl

20 g Leinsamen-mehl

außerdem:
2 Prisen Salz

Pro Blech: ca. 638 kcal, 32 g EW, 44 g F, 6 g KH
Zubereitung: ca. 10 Min. + Backzeit ca. 1 Std.

1. Alle Zutaten in eine Schüssel geben und gut verrühren. 150 Milliliter Wasser nach und nach unterrühren. Teig ca. 15 Minuten quellen lassen. Backofen auf 170 °C (Umluft: 150 °C) vorheizen. Backblech mit Backpapier auslegen.

2. Teig auf das Backpapier geben und mit einem Bogen Backpapier bedecken. Mit einem Nudelholz flach ausrollen und oberes Backpapier entfernen. Im vorgeheizten Backofen ca. 15 Minuten backen, Teigplatte mit einem Messer oder einem Pizzaschneider in gewünschte Stücke schneiden und weitere ca. 45 Minuten backen.

Italienische

Knabberkringel

Zutaten für ca. 45 Stück

250 g Weizenmehl und etwas Mehl zum Arbeiten

65 ml Olivenöl

50 ml Weißwein

außerdem:
1 TL Salz, 2 EL Kümmel

Pro Stück: ca. 34 kcal, 1 g EW, 1 g F, 4 g KH
Zubereitung: ca. 30 Min. + Backzeit ca. 30 Min.

1. Mehl in eine Rührschüssel geben. 100 Milliliter lauwarmes Wasser, Olivenöl, Weißwein und Salz zufügen. Alles in ca. 5 Minuten mit den Knethaken des Handrührgeräts zu einem glatten Teig verkneten.

2. Teig mit einem sauberen Küchentuch bedecken und ca. 30 Minuten ruhen lassen. Auf einer bemehlten Arbeitsfläche nochmals kräftig durchkneten. Teig zu 2–3 Zentimeter langen Rollen formen und diese jeweils zu Kringeln schließen. Enden dabei überkreuzen und leicht andrücken.

3. Backofen auf 190 °C (Umluft: 170 °C) vorheizen. Ausreichend Wasser in einem großen Topf zum Kochen bringen. Temperatur reduzieren und Teigkringel portionsweise ins heiße Wasser geben. Sobald sie an der Oberfläche schwimmen, mit einem Schaumlöffel herausnehmen, in einem Sieb abtropfen lassen, auf ein mit Backpapier belegtes Backblech legen und mit Kümmel bestreuen. Kringel im vorgeheizten Backofen in ca. 25–30 Minuten goldbraun backen und abkühlen lassen.

Käse-Scones

Zutaten für ca. 10 Stück

150 g Weizenmehl und etwas Mehl zum Arbeiten

2 TL Backpulver

40 g kalte Butter und etwas Butter zum Bestreichen

100 ml Milch

80 g geriebener Käse

außerdem:
½ TL Salz, frisch gemahlener Pfeffer, gehackte Kräuter (z. B. Thymian) nach Belieben

Pro Stück: ca. 121 kcal, 4 g EW, 6 g F, 12 g KH
Zubereitung: ca. 30 Min. + Backzeit ca. 15 Min.

1. Mehl, Backpulver, Salz und etwas Pfeffer in eine Rührschüssel geben und vermischen. Butter in Würfel schneiden und zufügen. Alles grob verkneten.

2. 80 Milliliter Milch zugeben und alles zu einem glatten Teig verarbeiten. Käse und Kräuter nach Belieben unterkneten. Backofen auf 180 °C (Umluft: 160 °C) vorheizen.

3. Teig auf einer bemehlten Arbeitsfläche ca. 2 Zentimeter dick ausrollen und mit einem runden Ausstecher Teigkreise ausstechen.

4. Scones auf ein mit Backpapier belegtes Backblech legen. Mit restlicher Milch bestreichen und im vorgeheizten Backofen in ca. 15 Minuten goldbraun backen. Noch lauwarm mit Butter bestreichen und servieren.

Pita-Brot

Zutaten für 6 Stück

400 g Weizenmehl und etwas Mehl zum Arbeiten

1 Würfel Hefe

10 EL Olivenöl

außerdem:
1 EL Zucker, 2 TL Salz

Pro Stück: ca. 396 kcal, 8 g EW, 16 g F, 52 g KH
Zubereitung: ca. 20 Min. + Backzeit ca. 15 Min.

1. Mehl in eine Rührschüssel geben, in die Mitte eine Mulde drücken. Hefe hineinbröckeln, mit Zucker und 125 Milliliter lauwarmem Wasser verrühren und ca. 10 Minuten ruhen lassen.

2. 125 Milliliter lauwarmes Wasser, 8 Esslöffel Öl und Salz zufügen. Alles mit den Knethaken des Handrührgeräts zu einem glatten Teig verarbeiten. Teig mit etwas Mehl bestäuben, mit einem sauberen Küchentuch bedecken und an einem warmen Ort ca. 30 Minuten gehen lassen, bis sich sein Volumen deutlich erhöht hat.

3. Teig auf einer bemehlten Arbeitsfläche nochmals durchkneten und in 6 Portionen teilen. Teigstücke mit bemehlten Händen zu runden Fladen formen und auf mit Backpapier belegte Backbleche legen. Mit restlichem Olivenöl bestreichen und mit einer Gabel mehrmals einstechen. Abgedeckt nochmals ca. 30 Minuten gehen lassen. Backofen auf 220 °C (Umluft: 200 °C) vorheizen. Im vorgeheizten Ofen nacheinander ca. 15 Minuten backen und auf Kuchengittern abkühlen lassen.

Knoblauchknoten

Zutaten für ca. 30 Stück

½ Würfel Hefe

480 g Weizenmehl und
etwas Mehl zum Arbeiten

60 ml Olivenöl

100 g Knoblauchbutter

außerdem:
1 TL Zucker, 2 TL Salz,
2 EL getrocknete italienische Kräuter

Pro Stück: ca. 95 kcal, 2 g EW, 4 g F, 12 g KH
Zubereitung: ca. 25 Min. + Backzeit ca. 30 Min.

1. 220 Milliliter lauwarmes Wasser mit zerbröckelter Hefe und Zucker in einer Rührschüssel vermischen. Ca. 10 Minuten ruhen lassen.

2. Mehl, Salz und Olivenöl zufügen und alles mit den Knethaken des Handrührgeräts zu einem glatten Teig verarbeiten. Mit einem sauberen Küchentuch bedecken und ca. 1 Stunde gehen lassen, bis der Teig sein Volumen deutlich erhöht hat.

3. Teig auf einer bemehlten Arbeitsfläche durchkneten, in 25–30 Portionen teilen und jeweils zu einem Strang rollen. Aus dem Strang jeweils einen „Knoten" formen. Knoten auf zwei mit Backpapier belegte Backbleche legen. Knoblauchbutter in einem Topf zerlassen. Backofen auf 220 °C (Umluft: 200 °C) vorheizen.

4. Knoten mit Knoblauchbutter bestreichen, mit Kräutern bestreuen und nochmals ca. 20 Minuten gehen lassen. Im vorgeheizten Backofen nacheinander in ca. 12–15 Minuten goldgelb backen.

Zwieback

Zutaten für 2 Brote

500 g Weizenmehl und etwas Mehl zum Arbeiten

7 g Trockenhefe

250 ml Milch

1 Ei

75 g weiche Butter

außerdem:
½ TL Salz,
3 EL Zucker

Pro Brot: ca. 1377 kcal, 35 g EW, 41 g F, 211 g KH
Zubereitung: ca. 25 Min. + Backzeit ca. 45 Min.

1. Mehl in eine Rührschüssel geben, Hefe zugeben und untermischen. Salz, Zucker, Milch, Ei und Butter zufügen und alles ca. 5 Minuten mit den Knethaken des Handrührgeräts zu einem glatten Teig verkneten. Mit einem Küchentuch bedecken und an einem warmen Ort ca. 30 Minuten gehen lassen, bis sich das Volumen deutlich erhöht hat. Teig auf einer bemehlten Arbeitsfläche kurz durchkneten, halbieren und jede Teigportion zu einer Rolle formen (ca. 20–25 cm lang).

2. Rollen jeweils in eine mit Backpapier ausgelegte Kastenform geben und abgedeckt ca. 20 Minuten gehen lassen. Ofen auf 180 °C (Umluft: 160 °C) vorheizen. Auf den Rost stellen und Brote ca. 15–20 Minuten im vorgeheizten Ofen backen. Auf mit Backpapier belegte Kuchenroste stürzen und über Nacht erkalten lassen.

3. Ofen auf 180 °C (Umluft: 160 °C) vorheizen. Brote in ca. 1 Zentimeter dicke Scheiben schneiden und auf zwei mit Backpapier belegten Blechen im vorgeheizten Ofen ca. 15 Minuten rösten, wenden und ca. 10 Minuten fertig rösten.

Brasilianische

Käsebällchen

Zutaten für ca. 35 Stück

200 ml Milch

100 ml Öl

500 g Weizenmehl und etwas Mehl zum Arbeiten

2 Eier

250 g geriebener Käse

außerdem:
1 TL Salz

Pro Stück: ca. 108 kcal, 4 g EW, 5 g F, 11 g KH
Zubereitung: ca. 25 Min. + Backzeit ca. 25 Min.

1. Milch in einen großen Topf gießen. Öl, Salz und 60 Milliliter Wasser zugeben und alles zum Kochen bringen. Sobald die Flüssigkeit kocht, den Topf vom Herd nehmen.

2. Mehl nach und nach zugeben und unterrühren. Eier in einer Schüssel verschlagen und zufügen. Alles gut verrühren, sodass sich die Zutaten verbinden und ein glatter Teig entsteht. Käse zugeben und unterrühren. Teig auf einer bemehlten Arbeitsfläche nochmals durchkneten, zu einer Kugel formen und, in Frischhaltefolie gewickelt, ca. 1 Stunde in den Kühlschrank legen.

3. Backofen auf 220 °C (Umluft: 200 °C) vorheizen. Mithilfe eines Esslöffels kleine Teigportionen abstechen und mit den Händen zu Kugeln formen. Mit etwas Abstand auf mit Backpapier belegte Backbleche legen und im vorgeheizten Backofen nacheinander in ca. 20–25 Minuten goldgelb backen. Abkühlen lassen und servieren.

Süße Brote & Brotgerichte

Honig-Lavendel-Brot

Zutaten für 1 Brot

600 g Roggenmehl und etwas Mehl zum Arbeiten

10 g Trockenhefe

30 g Honig

2 TL getrocknete Lavendelblüten

außerdem:
1 Prise Salz, Fett für die Form

Pro Brot: ca. 2123 kcal, 56 g EW, 13 g F, 432 g KH
Zubereitung: ca. 30 Min. + Backzeit ca. 40 Min.

1. Mehl in eine Rührschüssel geben. Hefe, Salz, Honig, 1 Teelöffel Lavendelblüten und 350 Milliliter lauwarmes Wasser zufügen. Alles mit den Händen oder mit den Knethaken des Handrührgeräts zu einem glatten Teig verkneten.

2. Auf einer bemehlten Arbeitsfläche nochmals durchkneten. Mit einem sauberen Küchentuch bedecken und ca. 1 ½ Stunden gehen lassen, bis sich das Volumen deutlich erhöht hat.

3. Teig nochmals auf einer bemehlten Arbeitsfläche durchkneten und in eine gefettete Form geben. Mit einem sauberen Küchentuch bedecken und nochmals ca. 1 ½ Stunden gehen lassen.

4. Backofen auf 240 °C (Umluft: 220 °C) vorheizen. Brot mehrmals mit einem scharfen Messer einschneiden, mit restlichen Lavendelblüten bestreuen und im vorgeheizten Backofen ca. 10 Minuten backen. Ofentemperatur auf 220 °C (Umluft: 200 °C) reduzieren und in ca. 30 Minuten fertig backen.

Schoko-Brötchen

Zutaten für 10 Stück

500 g Weizenmehl und etwas Mehl zum Arbeiten

2 Pck. Trockenhefe

300 ml lauwarme Milch und etwas Milch zum Bestreichen

3 Eier

100 g backfeste Schokotropfen

außerdem:
4 EL Zucker,
1 Prise Salz, Öl

Pro Stück: ca. 301 kcal, 9 g EW, 7 g F, 50 g KH
Zubereitung: ca. 25 Min. + Backzeit ca. 25 Min.

1. Mehl in eine Schüssel geben und mit Hefe, Zucker und Salz vermischen. Milch und 2 Eier verschlagen und zur Mehlmischung geben. Mit den Knethaken des Handrührgerätes zu einem glatten Teig verkneten. Schokotropfen unterkneten. Teig auf eine bemehlte Arbeitsfläche legen und mit den Händen zu einem elastischen Teig verkneten. Zu einer Kugel formen und in eine Schüssel geben. Oberfläche mit etwas Öl bestreichen und Teig abgedeckt ca. 1 Stunde an einem warmen Ort ruhen lassen.

2. Backofen auf 200 °C (Umluft: 180 °C) vorheizen, Backblech mit Backpapier auslegen. Teig auf eine bemehlte Arbeitsfläche legen und kurz durchkneten. Teig in 10 Portionen teilen, zu Brötchen formen und auf das Backpapier legen. Restliches Ei trennen (Eiweiß anderweitig verwenden). Eigelb mit 1 Esslöffel Milch verschlagen und Teiglinge damit bestreichen. Im vorgeheizten Backofen ca. 20–25 Minuten goldbraun backen.

Pain au chocolat

Zutaten für 4 Stück

250 g Blätterteig (aus dem Kühlregal)

20 g Butter

Puderzucker zum Bestäuben

4 Riegel Zartbitterschokolade

1 Ei

Pro Stück: ca. 366 kcal, 6 g EW, 24 g F, 32 g KH
Zubereitung: ca. 15 Min. + Backzeit ca. 25 Min.

1. Backofen auf 180 °C (Umluft: 160 °C) vorheizen. Backblech mit Backpapier auslegen. Blätterteig auf der Arbeitsfläche ausrollen. Butter schmelzen und Blätterteig damit bestreichen. Mit Puderzucker bestäuben. Blätterteig in 4 gleich breite lange Streifen schneiden. Jeweils 2 Streifen aufeinanderlegen und in der Mitte durchschneiden, sodass 4 kleinere rechteckige Stücke entstehen. Die Schokoladenriegel der Länge nach halbieren.

2. An den Teigrand jeweils einen halben Schokoladenriegel legen und in dem Teig einrollen. Gut andrücken. Die andere Hälfte des Schokoladenriegels auf den Teig legen und fertig aufrollen. Auf das Backpapier legen. Ei verschlagen und Pain au chocolat damit bestreichen. Im vorgeheizten Backofen ca. 25 Minuten goldgelb backen.

Hefezopf

Zutaten für 1 Zopf

500 g Weizenmehl und
etwas Mehl zum Arbeiten

50 g Zucker

300 ml Milch

80 g Butter

1 Würfel Hefe

außerdem:
1 Prise Salz

Pro Zopf: ca. 2785 kcal, 69 g EW, 83 g F, 430 g KH
Zubereitung: ca. 25 Min. + Backzeit ca. 35 Min.

1. Mehl in eine Rührschüssel geben, Salz und Zucker zufügen und alles vermischen. In die Mitte eine Mulde drücken.

2. 250 Milliliter Milch in einem Topf erhitzen und Butter darin zerlassen. Vom Herd nehmen, lauwarm abkühlen lassen und Hefe hineinbröckeln. Alles verrühren, bis sich die Hefe aufgelöst hat, und ca. 5 Minuten gehen lassen. Hefemilch in die Mulde der Mehlmischung geben, alles gut vermengen und zu einem homogenen Teig verkneten. Mit einem sauberen Küchentuch bedecken und ca. 1 Stunde gehen lassen, bis der Teig sein Volumen deutlich erhöht hat.

3. Backofen auf 200 °C (Umluft: 180 °C) vorheizen. Teig auf einer bemehlten Arbeitsfläche nochmals durchkneten und dritteln. Jedes Drittel zu einer Rolle formen. Teigrollen zu einem Zopf flechten und auf ein mit Backpapier belegtes Backblech setzen. Enden unter den Zopf schlagen. Hefezopf mit restlicher Milch bestreichen und im vorgeheizten Backofen ca. 30–35 Minuten backen.

Brioche

Zutaten für ca. 8 Stück

380 g Weizenmehl
und etwas Mehl
zum Arbeiten

½ Würfel Hefe

100 ml lauwarme
Milch und etwas Milch
zum Bestreichen

3 Eier

150 g weiche Butter
und etwas Butter
für die Förmchen

außerdem:
3 EL Zucker,
1 Prise Salz

Pro Stück: ca. 364 kcal, 8 g EW, 18 g F, 41 g KH
Zubereitung: ca. 40 Min. + Backzeit ca. 20 Min.

1. Mehl in einer Schüssel mit Zucker und Salz mischen. Hefe darüberbröckeln. Milch, 2 Eier und 50 Gramm Butter zugeben. Alles mit den Knethaken des Handrührgerätes ca. 5 Minuten verkneten. Restliche Butter in Würfeln unterkneten, bis der Teig glatt und geschmeidig ist. Abgedeckt ca. 2 Stunden kalt stellen.

2. Förmchen (Brioche- oder Muffinförmchen) einfetten. Teig auf eine bemehlte Arbeitsfläche geben und in 10 Portionen teilen. 2 Portionen in jeweils 4 kleine Stückchen teilen und zu kleinen Kugeln formen. Restliche Teigportionen zu jeweils einer Kugel formen und in die Förmchen geben. Mit dem Finger eine kleine Mulde in die Kugeln drücken, die kleinen Kugeln hineinsetzen und etwas andrücken. Abgedeckt ca. 30 Minuten ruhen lassen.

3. Backofen auf 180 °C (Umluft: 160 °C) vorheizen. Übriges Ei mit ca. 1 Esslöffel Milch verschlagen und Brioches damit bestreichen. Im vorgeheizten Ofen ca. 18–20 Minuten goldgelb backen. Abkühlen lassen und aus den Formen lösen.

Butter-Stuten

Zutaten für 1 Brot

500 g Weizenmehl und etwas Mehl zum Arbeiten

1 Würfel Hefe

250 ml lauwarme Milch

60 g Butter und etwas Butter für die Form und zum Bestreichen

außerdem:
3½ EL Zucker, 1 EL Salz

Pro Brot: ca. 2609 kcal, 66 g EW, 77 g F, 402 g KH
Zubereitung: ca. 20 Min. + Backzeit ca. 35 Min.

1. Mehl in eine große Schüssel sieben und in die Mitte eine Mulde drücken. Hefe hineinbröckeln, ½ Esslöffel Zucker darüberstreuen und mit 3–4 Esslöffeln lauwarmer Milch vorsichtig verrühren. Abgedeckt an einem warmen Ort ca. 30 Minuten ruhen lassen.

2. Restliche Zutaten zugeben und alles mit den Knethaken des Handrührgerätes zu einem mittelfesten Teig verkneten. Mit den Händen zu einer Kugel formen und Teig abgedeckt weitere ca. 30 Minuten ruhen lassen. Backofen auf 190 °C (Umluft: 170 °C) vorheizen. Backform mit Butter ausstreichen.

3. Teig auf eine bemehlte Arbeitsfläche legen und kurz durchkneten. Teig in die Form füllen und auf der Oberseite ca. sechsmal schräg einschneiden. Im vorgeheizten Backofen ca. 35 Minuten goldgelb backen. Leicht abkühlen lassen und noch warm mit flüssiger Butter bestreichen.

Süßes Monkey Bread

ohne Kneten

Zutaten für 1 Brot

250 g Weizenmehl (Type 550) und etwas Mehl zum Arbeiten

½ Pck. Trockenhefe

100 g Zucker

20 g Milchpulver

20 g Butter und etwas Fett für die Form

außerdem:
2 TL Zimt

Pro Brot: ca. 1480 kcal, 27 g EW, 24 g F, 282 g KH
Zubereitung: ca. 20 Min. + Backzeit ca. 30 Min.

1. Mehl, Hefe, 20 Gramm Zucker und Milchpulver in eine große Schüssel geben. Butter schmelzen und mit 200 Millilitern Wasser vermischen. Zur Mehlmischung geben und gut verrühren. Abgedeckt ca. 12 Stunden im Kühlschrank gehen lassen.

2. Teig auf eine bemehlte Arbeitsfläche geben und mit einer Teigkarte locker von oben und unten je zu einem Drittel wie einen Brief zusammenklappen. Danach mittig von rechts nach links falten. Teig dabei nicht drücken oder kneten. Teig mit der Naht nach unten in ein gut bemehltes Gärkörbchen geben und zugedeckt ca. 1 Stunde bei Raumtemperatur gehen lassen.

3. Backofen auf 190 °C (Umluft nicht geeignet) vorheizen. Restlichen Zucker und Zimt in einer Schüssel mischen. Aus dem Teig mit feuchten Händen kleine Kugeln formen und Zuckermischung darübergeben. Kleine Gugelhupfform einfetten und Teigkugeln in die Form setzen. Teig zudecken und ca. 30 Minuten gehen lassen. Monkey Bread im vorgeheizten Backofen ca. 30 Minuten backen.

Quick Bread

Zutaten für 1 Brot

50 g Butter und
etwas Butter
für die Form

125 g
Weizenmehl

125 g
Maismehl

2 Eier

300 ml Milch

außerdem:
3 TL Zucker,
1 TL Backpulver,
1 Prise Salz

Pro Brot: ca. 1645 kcal, 47 g EW, 67 g F, 205 g KH
Zubereitung: ca. 10 Min. + Backzeit ca. 25 Min.

1. Backofen auf 220 °C (Umluft: 200 °C) vorheizen. Butter in einem kleinen Topf schmelzen. Mehle in eine Schüssel geben und mit Zucker, Backpulver und Salz vermischen. Eier, Milch und geschmolzene Butter zufügen und alles zu einem Teig verrühren.

2. Backform mit etwas Butter ausstreichen. Teig in die Backform füllen und im vorgeheizten Backofen ca. 20–25 Minuten backen.

Süßes Zupfbrot

Zutaten für 1 Brot

375 g Weizenmehl und etwas Mehl zum Arbeiten

1 Pck. Trockenhefe

280 g Zucker

2 Eier

120 g Butter

außerdem:
½ TL Salz,
2 TL Zimt

Pro Brot: ca. 3575 kcal, 54 g EW, 122 g F, 555 g KH
Zubereitung: ca. 45 Min. + Backzeit ca. 35 Min.

1. 275 Gramm Mehl mit Hefe, 50 Gramm Zucker und Salz vermischen. Eier verschlagen. 60 Gramm Butter zerlassen und mit 150 Milliliter Wasser unter die Mehlmischung rühren. Verschlagene Eier zugeben und verrühren. Nach und nach restliches Mehl zugeben und alles zu einem glatten, etwas klebrigen Teig verkneten. Teig ca. 1 Stunde abgedeckt an einem warmen Ort ruhen lassen.

2. Restliche Butter leicht braun schmelzen. Restlichen Zucker mit Zimt vermischen und beiseitestellen. Kastenform mit Backpapier auslegen. Teig mit ca. 2 Esslöffeln Mehl bestäuben und verkneten. Abdecken und ca. 5 Minuten ruhen lassen.

3. Teig auf einer bemehlten Arbeitsfläche kurz durchkneten. Auf ca. 30 x 50 Zentimeter Größe ausrollen, mit geschmolzener Butter bestreichen und mit Zimtzucker bestreuen. In Rechtecke schneiden und diese dicht aneinander in die Form stellen. Abgedeckt ca. 30 Minuten ruhen lassen. Backofen auf 170 °C (Umluft: 150 °C) vorheizen. Im vorgeheizten Backofen ca. 30–35 Minuten goldbraun backen.

Milchbrötchen

Zutaten für 8 Stück

¼ Würfel Hefe

115 ml Milch und etwas Milch zum Bestreichen

250 g Weizenmehl und etwas Mehl zum Arbeiten

60 g weiche Butter und etwas Butter zum Bestreichen

1 Ei

außerdem:
3 EL Zucker,
1 Prise Salz

Pro Stück: ca. 215 kcal, 5 g EW, 9 g F, 29 g KH
Zubereitung: ca. 30 Min. + Backzeit ca. 10 Min.

1. Hefe in lauwarmer Milch auflösen. Mehl in eine Schüssel sieben und mit Zucker und Salz vermischen. Hefemilch, Butter und Ei zugeben und alles gut verkneten. Nach Bedarf Mehl zugeben, bis sich der Teig vom Boden der Schüssel löst. Teig abgedeckt ca. 1 Stunde und 30 Minuten an einem warmen Ort ruhen lassen.

2. Teig auf eine bemehlte Arbeitsfläche legen, kurz durchkneten und in 8 Portionen teilen. Teigportionen zu Brötchen formen. Backblech mit Backpapier auslegen. Teiglinge darauflegen und ca. 45 Minuten an einem warmen Ort ruhen lassen.

3. Backofen auf 200 °C (Umluft: 180 °C) vorheizen. Teiglinge mit Milch bestreichen und im vorgeheizten Backofen ca. 8–10 Minuten goldbraun backen. Herausnehmen und noch heiß mit flüssiger Butter bestreichen.

Bananenbrot

Zutaten für 1 Brot

150 g Butter und
etwas Butter
für die Form

3 reife Bananen

150 g brauner
Zucker

2 Eier

280 g Weizenmehl und
etwas Mehl für die Form

außerdem:
1 ½ TL Backpulver,
1 Prise Salz,
1 Msp. Zimt

Pro Brot: ca. 3155 kcal, 46 g EW, 138 g F, 422 g KH
Zubereitung: ca. 15 Min. + Backzeit ca. 50 Min.

1. Backofen auf 180 °C (Umluft: 160 °C) vorheizen. Backform mit Butter ausstreichen und mit Mehl ausstäuben. Butter in einem kleinen Topf schmelzen. Bananen schälen und mit einer Gabel zerdrücken.

2. Bananen, Zucker und Eier verrühren. Geschmolzene Butter zugeben und unterrühren. Mehl mit Backpulver, Salz und Zimt vermischen und mit der Bananenmischung zu einem glatten Teig verkneten.

3. Teig in die Form füllen und im vorgeheizten Backofen ca. 50 Minuten backen (Stäbchenprobe machen!). Bananenbrot aus dem Backofen nehmen und ca. 10 Minuten in der Form abkühlen lassen. Herausnehmen und auf einem Kuchenrost vollständig auskühlen lassen.

Dattelbrot

Zutaten für 1 Brot

½ Tasse Kaffee

350 g Datteln ohne Kern

120 g Weizenmehl

1 Banane

100 g gehackte Walnüsse

außerdem:
1–2 TL Backpulver,
1 TL Zimt

Pro Brot: ca. 2229 kcal, 36 g EW, 70 g F, 350 g KH
Zubereitung: ca. 15 Min. + Backzeit ca. 40 Min.

1. 200 Milliliter heißes Wasser mit frisch gekochtem Kaffee vermischen und Datteln darin ca. 12 Stunden einweichen.

2. Backofen auf 200 °C (Umluft: 180 °C) vorheizen. Kleine Backform mit Backpapier auslegen. Dattel-Kaffee-Mischung pürieren und mit Mehl, Backpulver und Zimt vermischen. Banane schälen, mit einer Gabel zerdrücken und untermischen. Die Hälfte der gehackten Walnüsse unterheben.

3. Teig in die Backform geben und restliche Walnüsse darüberstreuen. Im vorgeheizten Backofen ca. 35–40 Minuten backen.

Scheiterhaufen

Zutaten für 2–3 Portionen

200 g altbackenes Weißbrot

375 ml Milch

2 Eier

100 g Zucker

500 g Äpfel

außerdem:
Fett für die Form,
1 TL Zimt

Pro Portion: ca. 529 kcal, 14 g EW, 10 g F, 96 g KH
Zubereitung: ca. 20 Min. + Backzeit ca. 30 Min.

1. Weißbrot in Scheiben schneiden und Hälfte der Scheiben in eine gefettete Auflaufform schichten. Backofen auf 180 °C (Umluft: 160 °C) vorheizen.

2. Milch, Eier und Hälfte des Zuckers in einer Schüssel verrühren. Hälfte der Mischung auf den Brotscheiben in der Form verteilen. Äpfel schälen, entkernen und in dünne Scheiben schneiden. In einer Schüssel mit restlichem Zucker und Zimt vermischen.

3. Äpfel in der Form verteilen, restliche Brotscheiben daraufschichten und restliche Eiermilch darübergießen. Im vorgeheizten Backofen ca. 30 Minuten backen und noch warm servieren.

Zusätzlich noch eine gute Handvoll Sultaninen unter die Äpfel mischen.

French Toast
mit Erdbeeren

Zutaten für 2 Portionen

200 g Erdbeeren

2 Eier

125 ml Milch

½ TL Zimt

4 Scheiben Toast

außerdem:
3 EL Öl ,
Puderzucker
zum Bestäuben

Pro Portion: ca. 412 kcal, 15 g EW, 23 g F, 37 g KH
Zubereitung: ca. 20 Min.

1. Erdbeeren waschen, putzen, trocken tupfen und in Scheiben schneiden. Eier, Milch und Zimt in einer Schüssel verschlagen.

2. Öl in einer Pfanne erhitzen. Toastscheiben in der Eiermischung wenden und abtropfen lassen. Sofort in die Pfanne geben und Toasts bei mittlerer Hitze von beiden Seiten goldbraun braten.

3. Toastscheiben mit Puderzucker bestäuben, je 2 Scheiben übereinander auf Tellern anrichten und mit Erdbeeren garniert servieren.

Dazu nach Belieben Ahornsirup zum Beträufeln reichen. Die French Toasts schmecken auch mit Erdbeerkompott oder Beerengrütze lecker.

Brotpudding

Zutaten für 4 Portionen

300 g altbackenes Weißbrot oder Brötchen

100 g Rosinen

275 ml Milch

1 Pck. Vanillepuddingpulver

80 g Puderzucker

außerdem:
Fett für die Form

Pro Portion: ca. 428 kcal, 9 g EW, 5 g F, 86 g KH
Zubereitung: ca. 15 Min. + Backzeit ca. 20 Min.

1. Backofen auf 180 °C (Umluft: 160 °C) vorheizen. Weißbrot oder Brötchen in Würfel schneiden. Eine Auflaufform fetten und Hälfte der Brotwürfel hineingeben. Rosinen darauf verteilen und restliche Brotwürfel daraufgeben.

2. Milch in einem Topf erwärmen, Puddingpulver und Puderzucker mit dem Schneebesen unterrühren, bis sich Puddingpulver und Zucker aufgelöst haben, und Mischung in die Auflaufform gießen. Im vorgeheizten Backofen in ca. 20 Minuten goldgelb backen und noch warm servieren.

Zum Servieren mit Zimtzucker bestreuen. Alternativ 2 Eier mit 250 Milliliter Milch, 70 Gramm Puderzucker und 50 Gramm Sahne verrühren und vor dem Backen über das Brot gießen.

Brotauflauf
mit Himbeeren

Zutaten für 4 Portionen

250 g Weißbrot vom Vortag

200 g Himbeeren

350 ml Milch

2 Eier

30 g Zucker

außerdem:
Fett für die Form,
Puderzucker zum Bestäuben

Pro Portion: ca. 311 kcal, 12 g EW, 8 g F, 46 g KH
Zubereitung: ca. 15 Min. + Backzeit ca. 25 Min.

1. Backofen auf 180 °C (Umluft: 160 °C) vorheizen. Brot in Würfel schneiden und in einer gefetteten Auflaufform verteilen. Himbeeren waschen, verlesen und trocken tupfen. Einige Himbeeren zum Garnieren beiseitelegen, restliche Himbeeren auf dem Brot verteilen.

2. Milch, Eier und Zucker in einer Rührschüssel gut verschlagen und über die Himbeeren gießen. Im vorgeheizten Backofen ca. 20–25 Minuten backen. Leicht abkühlen lassen und, mit Puderzucker bestäubt, lauwarm servieren.

Nach Belieben Auflauf vor dem Backen zusätzlich mit Mandelblättchen bestreuen. Der Auflauf schmeckt auch lecker mit Kirschen aus dem Glas.

Für Partys und Gäste

Rosmarin-Focaccia

Zutaten für 6–8 Portionen

½ Würfel Hefe

400 g Weizenmehl und etwas Mehl zum Arbeiten

1 Knoblauchzehe

3 Zweige Rosmarin

außerdem:
½ TL Salz, 7 EL Olivenöl,
grobes Meersalz zum Bestreuen

Pro Portion: ca. 254 kcal, 6 g EW, 9 g F, 37 g KH
Zubereitung: ca. 30 Min. + Backzeit ca. 20 Min.

1. Zerbröckelte Hefe in einer Schüssel in 200 Milliliter lauwarmem Wasser auflösen. In einer zweiten Schüssel Mehl und Salz mischen. Knoblauch schälen und durch eine Knoblauchpresse zugeben. Aufgelöste Hefe und 4 Esslöffel Öl zur Mehlmischung geben und alles mit den Knethaken des Handrührgeräts in wenigen Minuten zu einem geschmeidigen Teig verarbeiten.

2. Teig mit einem Küchentuch bedecken und an einem warmen Ort ca. 45 Minuten gehen lassen, bis sich das Volumen erhöht hat. Rosmarin waschen, trocken schütteln und Nadeln abzupfen.Teig auf einer bemehlten Arbeitsfläche kneten und zu einem Fladen ausrollen. Auf ein mit Backpapier belegtes Blech legen, mit einem Küchentuch bedecken und ca. 15 Minuten gehen lassen.

3. Ofen auf 200 °C (Umluft: 180 °C) vorheizen. Mulden in den Teig drücken und Teig mehrmals mit einer Gabel einstechen. Mit übrigem Öl beträufeln, mit Meersalz und Rosmarin bestreuen und im vorgeheizten Ofen ca. 20 Minuten backen.

Ciabatta

Zutaten für 1 Brot

500 g Weizenmehl und etwas Mehl zum Bestäuben

1 Pck. Trockenhefe

30 ml Olivenöl

außerdem:
2 TL Salz,1 TL Zucker

Pro Brot: ca. 2040 kcal, 53 g EW, 33 g F, 369 g KH
Zubereitung: ca. 10 Min. + Backzeit ca. 25 Min.

1. Mehl, Hefe, Salz und Zucker in eine große Schüssel geben und vermischen. Olivenöl und 300 Milliliter lauwarmes Wasser zugeben und mit den Knethaken des Handrührgerätes zu einem gleichmäßigen Teig verkneten. Teig abgedeckt ca. 45 Minuten an einem warmen Ort ruhen lassen. Backofen auf 200 °C (Umluft: 180 °C) vorheizen. Backblech mit Backpapier auslegen.

2. Teig in Form bringen, mit Mehl bestäuben und auf das Backpapier legen. Im vorgeheizten Backofen ca. 25 Minuten backen.

Brötchenkranz

Zutaten für 1 Kranz (10 Brötchen)

500 g Weizenmehl und
etwas Mehl zum Arbeiten

70 g weiche Butter

50 g Zucker

2 Würfel Hefe

2 Eier

außerdem:
1 TL Salz

Pro Brötchen: ca. 270 kcal, 8 g EW, 7 g F, 42 g KH
Zubereitung: ca. 25 Min. + Backzeit ca. 25 Min.

1. Mehl, Butter in Würfeln, Zucker und Salz in eine Rührschüssel geben. Hefe dazubröckeln, 1 Ei und 225 Milliliter lauwarmes Wasser zufügen. Alles mit den Händen oder mit den Knethaken des Handrührgeräts in ca. 5 Minuten zu einem glatten Teig verarbeiten. Mit einem sauberen Küchentuch bedecken und an einem warmen Ort ca. 30 Minuten gehen lassen, bis sich das Volumen deutlich erhöht hat.

2. Auf einer bemehlten Arbeitsfläche nochmals durchkneten. Backofen auf 200 °C (Umluft: 180 °C) vorheizen. Teig zu einer Rolle formen und in 10 Portionen teilen. Teigportionen zu Brötchen formen und kranzförmig auf ein mit Backpapier belegtes Backblech setzen, sodass sich die Brötchen leicht berühren.

3. Restliches Ei verschlagen und Brötchen damit bestreichen. Im vorgeheizten Backofen ca. 20–25 Minuten backen, abkühlen lassen und servieren.

Baguette

Zutaten für 2 Baguettes

500 g Weizenmehl und etwas Mehl zum Arbeiten

¾ Würfel Hefe

250 ml lauwarme Milch

außerdem:
1 TL Salz

Pro Baguette: ca. 965 kcal, 32 g EW, 7 g F, 187 g KH
Zubereitung: ca. 25 Min. + Backzeit ca. 20 Min.

1. Mehl und Salz in eine Schüssel geben und vermischen. Hefe in Milch auflösen und unter Rühren zugeben. Mit den Knethaken des Handrührgerätes alles zu einem glatten, nicht klebenden Teig verkneten. Nach Bedarf noch etwas Mehl oder Milch zugeben.

2. Teig auf eine bemehlte Arbeitsfläche legen und ca. 10 Minuten mit den Händen kräftig zu einem glänzenden, elastischen Teig verkneten. Teig abgedeckt an einem warmen Ort ca. 45 Minuten ruhen lassen.

3. Teig auf einer bemehlten Arbeitsfläche kurz durchkneten, halbieren und jeweils zu Baguettes formen. Backblech mit Backpapier auslegen und Baguettes darauflegen. Ca. 15 Minuten ruhen lassen. Backofen auf 200 °C (Umluft: 180 °C) vorheizen. Für eine knusprige Kruste die Baguettes vor dem Backen mit etwas Wasser bestreichen und leicht mit Mehl bestäuben. Baguettes jeweils mit dem Messer längs einritzen und im vorgeheizten Backofen ca. 20 Minuten goldbraun backen.

Zupfbrot
mit Kräuterbutter

Zutaten für 1 Brot

500 g Weizenmehl und etwas Mehl zum Arbeiten

1 Würfel Hefe

150 g weiche Kräuterbutter

außerdem:
1 TL Salz, 1 EL Zucker, Fett für die Form

Pro Brot: ca. 2701 kcal, 59 g EW, 99 g F, 381 g KH
Zubereitung: ca. 20 Min. + Backzeit ca. 35 Min.

1. Mehl in eine Schüssel geben und mit Salz und Zucker vermischen. Hefe in 300 Milliliter lauwarmem Wasser auflösen und zum Mehl geben. Alles mit den Knethaken des Handrührgerätes zu einem glatten Teig verkneten. Abgedeckt an einem warmen Ort ca. 1 Stunde ruhen lassen.

2. Teig auf eine bemehlte Arbeitsfläche legen und kurz durchkneten. Zum Quadrat (ca. 48 x 48 Zentimeter) ausrollen. Ausgerollte Teigplatte mit Kräuterbutter bestreichen und in 6 Streifen à ca. 8 Zentimeter schneiden. Teigstreifen quer in je 8 Stücke schneiden.

3. Kastenform mit Fett ausstreichen und Teigstücke senkrecht dicht aneinander in die Form stellen. Abgedeckt weitere ca. 30 Minuten ruhen lassen. Backofen auf 175 °C (Umluft: 155 °C) vorheizen. Zupfbrot mit Kräuterbutter im vorgeheizten Backofen ca. 35 Minuten backen.

Pull-Apart-Brot

mit Käse und Kräutern

Zutaten für 1 Brot

100 g Parmesan

125 g Mozzarella

40 g Butter

2 EL Kräuter der Provence (TK-Produkt)

1 rundes Mischbrot

außerdem:
frisch gemahlener Pfeffer

Pro Brot: ca. 2851 kcal, 117 g EW, 91 g F, 416 g KH
Zubereitung: ca. 20 Min. + Backzeit ca. 10 Min.

1. Parmesan und Mozzarella grob reiben. Butter in einem Topf erhitzen, Kräuter zugeben und unterrühren. Mit Pfeffer würzen.

2. Backofen auf 180 °C (Umluft: 160 °C) vorheizen. Brot auf ein mit Backpapier belegtes Backblech legen und mit einem scharfen Messer bis auf einen ca. 2 Zentimeter hohen Boden rautenförmig einschneiden.

3. Parmesan und Mozzarella in die Zwischenräume geben und Brot vollständig mit Kräuterbutter beträufeln. Mit Alufolie bedeckt im vorgeheizten Backofen ca. 10 Minuten backen. Aus dem Ofen nehmen, Alufolie entfernen, etwas abkühlen lassen und warm servieren.

Nach Belieben können Sie auch einen Bund frisch gehackte Kräuter verwenden.

Monkey Bread
mit Käse und Knoblauch

Zutaten für 1 Brot

400 g Weizenmehl und
etwas Mehl zum Arbeiten

1 Pck.
Trockenhefe

3 EL
Olivenöl

75 g Knoblauch-
butter

200 g geriebener Käse

außerdem:
½ TL Zucker,
1 ½ TL Salz

Pro Brot: ca. 2993 kcal, 96 g EW, 148 g F, 304 g KH
Zubereitung: ca. 45 Min. + Backzeit ca. 40 Min.

1. Mehl in eine Schüssel sieben. Zucker in 250 Milliliter lauwarmem Wasser auflösen und Trockenhefe unterrühren. Ca. 5 Minuten ruhen lassen. Olivenöl und Salz zum Hefewasser geben und unterrühren. Flüssigkeit nach und nach zum Mehl geben und alles zu einem glatten Teig verkneten. Teig zu einer Kugel formen und abgedeckt an einem warmen Ort ca. 1 Stunde und 30 Minuten ruhen lassen.

2. Knoblauchbutter zerlassen. Gugelhupfform mit etwas flüssiger Knoblauchbutter ausstreichen. Teig auf einer bemehlten Arbeitsfläche kurz durchkneten. In ca. 25 gleich große Stücke teilen und zu Kugeln formen. In der Knoblauchbutter wälzen, etwas abtropfen lassen und locker in die Backform schichten. Zwischendurch und die letzte Schicht mit geriebenem Käse bestreuen. Teig in der Form weitere ca. 30 Minuten ruhen lassen. Ofen auf 175 °C (Umluft: 155 °C) vorheizen.

3. Monkey Bread im vorgeheizten Backofen ca. 30–40 Minuten backen. Kurz abkühlen lassen und warm servieren. Dazu passt ein Dip aus Sauerrahm oder Quark.

Würstchen

im Brotteig

Zutaten für 6 Portionen

250 g Weizenmehl

10 g Trockenhefe

3 Bockwürstchen

50 ml Öl

1 Ei

außerdem:
½ TL Salz

Pro Portion: ca. 289 kcal, 9 g EW, 14 g F, 31 g KH
Zubereitung: ca. 25 Min. + Backzeit ca. 30 Min.

1. Mehl, Trockenhefe, Salz und Öl in eine Rührschüssel geben. 100 Milliliter lauwarmes Wasser zugießen und alles kurz vermischen. Ca. 5 Minuten mit den Knethaken des Handrührgeräts zu einem glatten Teig verarbeiten. Teig mit einem sauberen Küchentuch bedecken und an einem warmen Ort ca. 30 Minuten gehen lassen, bis sich das Volumen deutlich erhöht hat.

2. Backofen auf 180 °C (Umluft: 160 °C) vorheizen. Würstchen halbieren und zweimal diagonal einschneiden. Teig in 6 Portionen teilen und jeweils zu langen Rollen oder Streifen formen.

3. Jeweils ein halbes Würstchen mit Teig umwickeln und Teig flach drücken. Auf ein mit Backpapier belegtes Backblech legen und nochmals ca. 10 Minuten gehen lassen.

4. Ei verschlagen und Brotrollen damit bestreichen. Im vorgeheizten Backofen ca. 30 Minuten backen, etwas abkühlen lassen und servieren.

Party-Kranz
mit Pesto

Zutaten für 1 Kranz

450 g Weizenmehl und etwas Mehl zum Arbeiten

15 g frische Hefe

100 g Basilikumpesto

außerdem:
1 Prise Salz, 2 EL Zucker, 1 EL Olivenöl

Pro Kranz: ca. 2360 kcal, 59 g EW, 71 g F, 359 g KH
Zubereitung: ca. 20 Min. + Backzeit ca. 30 Min.

1. Mehl und Salz in eine Schüssel geben und vermischen. In die Mitte eine Mulde drücken. Hefe in eine kleine Schüssel bröckeln, 300 Milliliter lauwarmes Wasser und Zucker zugeben und alles gut verrühren, bis sich die Hefe aufgelöst hat.

2. Aufgelöste Hefe und Öl in die Mulde der Mehlmischung geben und alles mit den Knethaken des Handrührgeräts zu einem glatten Teig verarbeiten. Teig mit einem sauberen Küchentuch bedecken und ca. 50 Minuten gehen lassen, bis sich das Volumen deutlich erhöht hat. Backofen auf 220 °C (Umluft: 200 °C) vorheizen.

3. Teig auf einer bemehlten Arbeitsfläche durchkneten und zu einem ca. 1 Zentimeter hohen Quadrat ausrollen. Pesto darauf verstreichen und Teig von einer Seite her aufrollen. Teigrolle längs halbieren, Teigstränge zu einem Kranz flechten und auf ein mit Backpapier belegtes Backblech setzen. Im vorgeheizten Backofen ca. 30 Minuten backen. Herausnehmen, etwas abkühlen lassen und noch warm servieren.

Stockbrot

Zutaten für 6 Brote

500 g Weizenmehl

7 g Trockenhefe

250 ml lauwarme Milch

75 g weiche Butter

außerdem:
½ TL Zucker, 1 TL Salz, 6 Stöcke

Pro Brot: ca. 416 kcal, 10 g EW, 13 g F, 63 g KH
Zubereitung: ca. 30 Min.

1. Mehl und Trockenhefe in eine Rührschüssel geben und vermischen. Zucker, Salz, lauwarme Milch und Butter in Würfeln zufügen. Alles mit den Knethaken des Handrührgeräts erst kurz auf niedrigster, dann auf höchster Stufe in ca. 5 Minuten zu einem glatten Teig verarbeiten.

2. Teig mit einem sauberen Küchentuch bedecken und an einem warmen Ort ca. 30 Minuten gehen lassen, bis sich das Volumen deutlich erhöht hat.

3. Teig in 6 Portionen teilen und zu langen, dünnen Rollen formen. Rollen jeweils spiralförmig, an der Spitze beginnend, um die Stöcke wickeln. Grill oder Lagerfeuer anfachen.

4. Stockbrote unter ständigem Drehen ca. 12–15 Minuten über dem Grill oder dem Lagerfeuer knusprig grillen, etwas abkühlen lassen und genießen.

Pull-Apart-Brot
mit Käse und Schinken

Zutaten für 1 Brot

120 g Butter

150 g junger Gouda

125 g Mozzarella

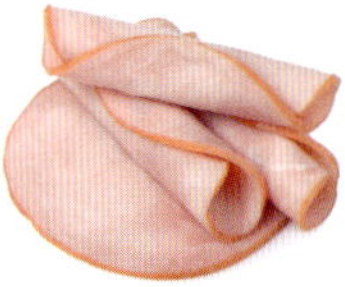
180 g gekochter Schinken (in Scheiben)

1 rundes helles Weizenbrot

außerdem:
gehackte Petersilie zum Bestreuen

Pro Brot: ca. 4351 kcal, 155 g EW, 206 g F, 458 g KH
Zubereitung: ca. 25 Min. + Backzeit ca. 30 Min.

1. Butter in einem kleinen Topf zerlassen und vom Herd nehmen. Gouda und Mozzarella reiben. Schinken in kleine Stücke schneiden.

2. Backofen auf 180 °C (Umluft: 160 °C) vorheizen. Brot auf ein mit Backpapier belegtes Backblech setzen. Mit einem scharfen Messer bis auf einen ca. 2 Zentimeter hohen Boden rautenförmig einschneiden.

3. Zwischenräume mit Gouda, Mozzarella und Schinken füllen. Brot vollständig mit zerlassener Butter beträufeln, mit Alufolie bedecken und im vorgeheizten Backofen ca. 20 Minuten backen.

4. Alufolie entfernen und Brot ca. 10 Minuten fertig backen. Herausnehmen, mit Petersilie bestreuen, etwas abkühlen lassen und noch warm servieren.

Schinken
im Brotteig

Zutaten für 1 Schinken

1 ½ kg gepökelter Schinken (ohne Schwarte)

500 g Weizenmehl und etwas Mehl zum Arbeiten

7 g Trockenhefe

400 ml Buttermilch

außerdem:
2 EL Öl, 2 EL Senf, Salz, frisch gemahlener Pfeffer, 1 TL Zucker

Pro Schinken: ca. 4830 kcal, 396 g EW, 176 g F, 447 g KH
Zubereitung: ca. 25 Min. + Backzeit ca. 1 Std. 30 Min.

1. Schinken trocken tupfen. Öl in einer Schüssel mit Senf, Salz und Pfeffer verrühren und Schinken damit einstreichen. Ca. 30 Minuten ruhen lassen.Mehl und Hefe mischen. 1 ½ Teelöffel Salz, Zucker und Buttermilch zufügen und mit den Knethaken des Handrührgeräts in ca. 5 Minuten zu einem glatten Teig verkneten. Teig mit einem Küchentuch bedecken und an einem warmen Ort gehen lassen, bis sich das Volumen deutlich erhöht hat. Backofen auf 220 °C (Umluft: 200 °C) vorheizen.

2. Teig auf einer bemehlten Arbeitsfläche durchkneten. Auf einem mit Backpapier belegten Blech zu einem Rechteck (ca. 30 x 40 cm) ausrollen. Schinken daraufsetzen, Teig mit Wasser bestreichen, darüberklappen und andrücken. Ca. 20 Minuten gehen lassen und im vorgeheizten Ofen auf unterster Schiene ca. 30 Minuten backen.

3. Temperatur auf 180 °C (Umluft: 160 °C) reduzieren und ca. 30 Minuten backen, auf 100 °C (Umluft: 80 °C) herabschalten und ca. 30 Minuten backen. Vor dem Aufschneiden einige Minuten ruhen lassen.

Zwiebelbaguette

Zutaten für 2 Baguettes

500 g Weizenmehl und etwas Mehl zum Arbeiten

1 Würfel Hefe

3 große Zwiebeln

außerdem: 2 TL Salz

Pro Baguette: ca. 1002 kcal, 33 g EW, 4 g F, 201 g KH
Zubereitung: ca. 30 Min. + Backzeit ca. 25 Min.

1. Mehl in eine Rührschüssel geben und Salz untermischen. Hefe in die Schüssel bröckeln und ebenfalls unterrühren.

2. Zwiebeln schälen, sehr fein hacken und zur Mehlmischung geben. 350 Milliliter lauwarmes Wasser unter ständigem Rühren zugießen. Teig ca. 10–15 Minuten mit den Händen verkneten. Mit einem sauberen Küchentuch bedecken und an einem warmen Ort ca. 1 Stunde gehen lassen, bis sich das Volumen deutlich erhöht hat.

3. Backofen auf 180 °C (Umluft: 160 °C) vorheizen. Teig auf einer bemehlten Arbeitsfläche nochmals durchkneten und halbieren. Teighälften jeweils zu Baguettes formen und mehrmals diagonal einschneiden. Baguettes auf ein mit Backpapier belegtes Backblech setzen und im vorgeheizten Backofen ca. 20–25 Minuten backen.

Alternativ statt der frischen Zwiebeln 50 Gramm Röstzwiebeln zum Teig geben.

Feta-Hefeschnecken

Zutaten für 16 Stück

250 g Weizenmehl und etwas Mehl zum Arbeiten

15 g frische Hefe

200 g stückige Tomaten (aus der Dose)

200 g Feta

außerdem:
½ TL Zucker, 1 TL Salz, 1 EL Öl, 1 TL getrocknete italienische Kräuter, frisch gemahlener Pfeffer

Pro Stück: ca. 95 kcal, 4 g EW, 3 g F, 12 g KH
Zubereitung: ca. 25 Min. + Backzeit ca. 25 Min.

1. Mehl in eine Rührschüssel geben. Hefe hineinbröckeln. Zucker, Salz, 150 Milliliter lauwarmes Wasser und Öl zufügen. Alles mit den Händen oder mit den Knethaken des Handrührgeräts zu einem glatten Teig verkneten. Mit einem sauberen Küchentuch bedecken und an einem warmen Ort ca. 30 Minuten gehen lassen, bis sich das Volumen deutlich erhöht hat.

2. Backofen auf 180 °C (Umluft: 160 °C) vorheizen. Tomaten und Kräuter in einer Schüssel verrühren und mit Salz und Pfeffer abschmecken.

3. Teig auf einer bemehlten Arbeitsfläche nochmals durchkneten und zu einem dünnen Rechteck ausrollen. Mit der Tomatenmischung bestreichen und Feta darüberbröckeln. Teig von der Längsseite her aufrollen und in ca. 1,5 Zentimeter dicke Scheiben schneiden. Auf ein mit Backpapier belegtes Backblech legen und im vorgeheizten Backofen ca. 25 Minuten backen. Etwas abkühlen lassen und noch warm servieren.

Zupfbrot
mit Pesto und Parmesan

Zutaten für 1 Brot

500 g Weizenmehl und etwas Mehl zum Arbeiten

1 Würfel Hefe

100 g Parmesan

100 g grünes Pesto

außerdem:
1 TL Salz, 1 EL Zucker, Fett für die Form

Pro Brot: ca. 2628 kcal, 100 g EW, 69 g F, 384 g KH
Zubereitung: ca. 20 Min. + Backzeit ca. 35 Min.

1. Mehl in eine Schüssel geben und mit Salz und Zucker vermischen. Hefe in 300 Milliliter lauwarmem Wasser auflösen und zum Mehl geben. Alles mit den Knethaken des Handrührgerätes zu einem glatten Teig verkneten. Abgedeckt an einem warmen Ort ca. 1 Stunde ruhen lassen.

2. Parmesan reiben. Teig auf eine bemehlte Arbeitsfläche legen und kurz durchkneten. Zum Quadrat (ca. 48 x 48 Zentimeter) ausrollen. Ausgerollte Teigplatte mit Pesto bestreichen und mit der Hälfte des Parmesans bestreuen. In 6 Streifen à ca. 8 Zentimeter schneiden. Teigstreifen quer in je 8 Stücke schneiden.

3. Kastenform mit Fett ausstreichen und Teigstücke senkrecht dicht aneinander in die Form stellen. Mit restlichem Parmesan bestreuen. Abgedeckt weitere ca. 30 Minuten ruhen lassen. Backofen auf 175 °C (Umluft: 155 °C) vorheizen. Zupfbrot im vorgeheizten Backofen ca. 35 Minuten backen.

Register

Bildnachweis

Rezeptbilder/Adobe Stock: 151 A_Lein; Rezeptbilder/Shutterstock:, 3 Goskova Tatiana, 4 casanisa, 7 Natasha Breen, 9 Natasha Breen, 12 Sentelia, 15 Alena Kazlouskaya, 16 Gajus, 21 Anna Shepulova, 23 Gajus, 25 Marina Onokhina, 27 Glushchenko Nataliia, 29 Medvedeva Oxana, 31 gostua, 33 KOMAR_STUDIOS, 35 vovidzha, 37 Laura Adamache, 39 Red Che, 41 Goskova Tatiana, 43 Denisa V, 45 Lucia Pescaru, 47 Maria Loginova, 49 Sebastiana, 51 beats1, 53 Ksenija Toyechkina, 55 Laura Adamache, 59 Corinna Haselmayer, 61 FoodAndPhoto, 63 Sandy Randy, 65 SewCream, 67 Foodio, 69 Maslova Valentina, 71 Aleoks, 73 Chursina Viktoriia, 75 Oksana Mizina, 77 TYNZA, 79 Geshas, 81 TTL media, 83 Maslova Valentina, 85 Natasha Breen, 87 hadasit, 89 marylooo, 91 Matias Fabbri, 95 angelbandala, 97 Miti74, 99 Y_L, 101 Christian Jung, 103 Riana Ambarsari, 105 margouillat photo, 107 Olga Bilobram, 109 Ildi Papp, 111 Liliya Kandrashevich, 113 chaechaebyv, 115 Africa Studio, 117 Elena Zajchikova, 119 D. Pimborough, 121 sarsmis, 123 MShev, 125 NADKI, 129 AGfoto, 131 Duygu Tugcu, 133 Anna Shepulova, 135 AnjelikaGr, 137 A_Lein, 139 Elisabeth Coelfen, 141 Chudovska, 143 Rimma Bondarenko, 145 Anna Shepulova, 147 stockcreations, 149 margouillat photo, 153 Medvedeva Oxana, 155 MariaKovaleva, 157 Katarzyna Hurova; Coverabbildungen: oben 2. von rechts soeka/Shutterstock, restliche Abbildungen siehe Innenteil

Zutatenbilder/Shutterstock: 5 second Studio, Africa Studio, Alex Staroseltsev, Alex Streinu, Alter-ego, Andrii Horulko, Angel Simon, Anton Starikov, ArTDi101, Artem Kutsenko, bergamont, bigacis, Birgit Reitz-Hofmann, bjphotographs, Blan-k, bonchan, Danny Smythe, Diana Taliun, Eivaisla, Elovich, geniuscook_com, Gl0ck, GSDesign, HandmadePictures, Heliosphile, hlphoto, Hong Vo, hsagencia, Indian Food Images, indigolotos, jocic, Khumthong, Kim Reinick, Kovaleva_Ka, M. Unal Ozmen, Madlen, MaraZe, margouillat photo, maryo, monticello, Moving Moment, mtphoto19, Nataliia K, Nattika, New Africa, NIPAPORN PANYACHAROEN, Oliver Hoffmann, oriori, Oxie99, paulista, Picsfive, Rudy Balasko, S.SITTA H, Seregam, Sergiy Kuzmin, Silvy78, siriwat srinuroht, smikeymikey1, Spalnic, spline_x, sripfoto, Tanya Sid, topseller, Valentyn Volkov, Valery121283, virtu studio, Volosina, Yeti studio

Impressum

Alle Informationen in diesem Buch wurden mit größter Sorgfalt erarbeitet und geprüft. Weder Herausgeber, Autor noch Verlag können jedoch für Schäden haftbar gemacht werden, die in Zusammenhang mit der Verwendung dieses Buches stehen.

Genehmigte Sonderausgabe

ISBN 978-3-7359-2087-4

Komplettproducing: twinbooks, München
Text und Lektorat: Annerose Sieck, Jana Lösch, Melanie Goldmann, Eva Hutter
für twinbooks, München